首都圏版㉗

最新入試に対応！ 家庭学習に最適の問題集!!

西武学園文理小学校

2024年度版 過去問題集

合格までのステップ

2020 ～ 2023 年度
過去問題を掲載

日本学習図書（ニチガク）

目指せ！合格！

家庭学習ガイド
西武学園文理小学校

入試情報

募集人数：男女96名
応募者数：男子416名　女子367名
出題形態：ペーパー、ノンペーパー
面　　接：保護者・志願者
出題領域：ペーパー（言語、図形、常識、推理、お話の記憶、数量）、制作、運動、行動観察）

入試対策

ペーパーテストは、言語、図形、常識、推理、お話の記憶、数量など、幅広い分野から出題されています。応用レベルの問題が多く出題されており、クロスワードや推理問題などが特に難問と言えます。そうした問題はすべて正解できなくても落ち込む必要はありません。それ以外の問題を確実に正解していけば合格ラインに達することができるでしょう。ペーパーテストの後、制作、運動、行動観察とノンペーパーテストが続きますが、ここでは課題に取り組む姿勢がカギになります。うまくできたかどうかという結果ではなく、どう取り組んだかという過程を大切にしてください。

●小学校入試とは思えない、「難問」が例年出題されています。どう対策すればよいか悩むところですが、基礎を徹底してできる問題を確実に正解するというのも１つの方法です。

●ノンペーパーテストは、例年大きな変化はなく、課題も難しいものではありません。傾向をつかんでおくことは大切ですが、どんな課題を行うかよりもどう取り組むかの方が大切だということを理解しておいてください。

●面接は、保護者と志願者がいっしょに行います。お子さまと充分にコミュニケーションをとって面接に臨んでください。

「西武学園文理小学校」について

〈合格のためのアドバイス〉

当校は、小・中・高の12年一貫教育の中で「世界のトップエリート」を育てることを目指しています。「英語のシャワー」と例え、力を入れている英語教育など、独自性の強い教育を行っており、系列高校は目覚しい進学実績を誇ります。しかし、「エリート教育＝学力・先取り教育」という安易な内容ではなく、心の教育を重んじ、日本人のアイデンティティを持って世界で活躍できる人材の育成を目指しています。そのために、当校では「心を育てる」「知性を育てる」「国際性を育てる」の３つに教育の重点を置いています。これらの教育の重点は保護者の教育観や人生観が重要になります。ですから、当校を志願する保護者は、当校の教育理念をしっかりと理解するとともに、学校と一体となって子どもを育てていくという意識を持つ必要があるでしょう。

2023年度の入学試験では、ペーパーテスト、制作、運動、行動観察、親子面接が行われました。ペーパーテストの特徴は、段階を踏んだ思考を必要とする複合問題が多く、体験、思考力、観察力、聞く力など、さまざまな力が求められることです。対策としては、具体物を使用して基礎基本をしっかりと定着させた上で、問題集などを利用して学力の伸ばす計画を立てることです。保護者の方は、ご自身で学校の過去問題をじっくり分析し、どのような力が求められているのかを理解した上で、お子さまを指導していきましょう。

面接では、併願校について必ず聞かれるようです。その答えによって合否に影響が出ることはないと思いますが、どう答えるか準備はしておいてください。保護者・志願者ともに「聞く」「話す」がしっかりできるように練習しておくとよいでしょう。

〈2023年度選考〉

- ◆ペーパー
- ◆制作
- ◆運動
- ◆行動観察
- ◆親子面接

◇過去の応募状況

2023年度	男子416名	女子367名
2022年度	男子366名	女子294名
2021年度	男子309名	女子281名

入試のチェックポイント

◇生まれ月の考慮…「あり」
◇受験番号…「願書受付順」

〈本書掲載分以外の過去問題〉

◆**図形**：２つの形を比べて、足りないところを書く。[2019年度]
◆**常識**：転んでケガをした時に使うものを選ぶ。[2019年度]
◆**数量**：レモン３個とブドウ２個とイチゴ１個を配る。何人に配ることができるか。[2019年度]
◆**推理**：ライオンさんはトラさんより足が速いです。ウマさんはトラさんより足が遅いです。１番足の速いのは誰。[2019年度]

西武学園文理小学校

過去問題集

〈はじめに〉

現在、少子化が叫ばれているにもかかわらず、私立・国立小学校の入学試験には一定の応募者があります。入試は、ただやみくもに学習するだけでは成果を得ることはできません。志望校の過去における出題傾向を研究・把握した上で、練習を進めていくこと、試験までに志願者の不得意分野を克服していくことが必須条件です。そこで、本問題集は小学校を受験される方々に、志望校の出題傾向をより詳しく知って頂くために、出題頻度の高い問題を結集いたしました。最新のデータを含む精選された過去問題集で実力をお付けください。

また、志望校の選択には弊社発行の**「2024年度版　首都圏・東日本　国立・私立小学校 進学のてびき」**をぜひ参考になさってください。

〈本書ご使用方法〉

◆出題者は出題前に一度問題を通読し、出題内容などを把握した上で、〈 準 備 〉の欄に表記してあるものを用意してから始めてください。

◆お子さまに絵の頁を渡し、出題者が問題文を読む形式で出題してください。問題を読んだ後で、絵の頁を渡す問題もありますのでご注意ください。

◆「分野」は、問題の分野を表しています。弊社の問題集の分野に対応していますので、復習の際の目安にお役立てください。

◆一部の描画や工作、常識等の問題については、解答が省略されているものがあります。お子さまの答えが成り立つか、出題者が各自でご判断ください。

◆〈 時 間 〉につきましては、目安とお考えください。

◆本文右端の［〇年度］は、問題の出題年度です。［2023年度］は、「2022年の秋に行われた2023年度入学志望者向けの考査で出題された問題」という意味です。

◆学習のポイントは、指導の際にご参考にしてください。

◆【おすすめ問題集】は各問題の基礎力養成や実力アップにご使用ください。

〈本書ご使用にあたっての注意点〉

◆文中に **この問題の絵は縦に使用してください。** と記載してある問題の絵は縦にしてお使いください。

◆〈 準 備 〉の欄で、クレヨン・クーピーペンと表記してある場合は12色程度のものを、画用紙と表記してある場合は白い画用紙をご用意ください。

◆文中に **この問題の絵はありません。** と記載してある問題には絵の頁がありませんので、ご注意ください。なお、問題の絵の右上にある番号が連番でなくても、中央下の頁番号が連番の場合は落丁ではありません。

下記一覧表の●が付いている問題は絵がありません。

問題1	問題2	問題3	問題4	問題5	問題6	問題7	問題8	問題9	問題10
問題11	問題12	問題13	問題14	問題15	問題16	問題17	問題18	問題19	問題20
問題21	問題22	問題23	問題24	問題25	問題26	問題27	問題28	問題29	問題30
					●		●	●	
問題31	問題32	問題33	問題34	問題35	問題36	問題37	問題38	問題39	問題40
								●	●

㊢ 先輩ママたちの声！

◆実際に受験をされた方からのアドバイスです。
ぜひ参考にしてください。

西武学園文理小学校

・難しい問題は、考えすぎないようにして、ほかの問題を落とさないように指導しました。

・過去問の中に掲載されていた問題と似たような問題が出題されました。過去問をしっかりと解き、対策をとることが大切だと思いました。

・語彙力を必要とする感じがしました。読み聞かせをしながら、子どもがわからない言葉などが出てくると、そのたびにいっしょに調べたりしました。そのことが結果的にはよかったように思います。

・難しい問題が多いので、基礎力だけだはなく、応用力も必要だと思います。ある程度、似た傾向の問題が多いので、取りこぼしのないよう、しっかりと取り組むように心がけました。

・ゼッケンどめのリボン結びは練習しておかれると良いでしょう。

・試験当日が雨だった場合は、濡れた傘、靴を入れるもを持参すると良いです。

・最低でも、挨拶は英語でできるようにすると良いでしょう。また、お手洗いに行きたい旨を伝える英文も、覚えておくと良いと思います。

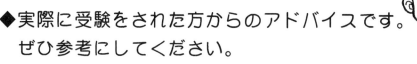

◎学習効果を上げるため、前掲の「家庭学習ガイド」及び「合格のためのアドバイス」をお読みになり、各校が実施する入試の出題傾向を、よく把握した上で問題に取り組んでください。
※冒頭の「本書のご使用方法」「ご使用にあたっての注意点」も併せてご覧ください。

2023年度の最新入試問題

問題1　分野：言語

〈準備〉　クーピーペン（黒）

〈問題〉　左の絵から順番に右側の絵までしりとりでつなげてください。

〈時間〉　30秒

〈解答〉　下図参照

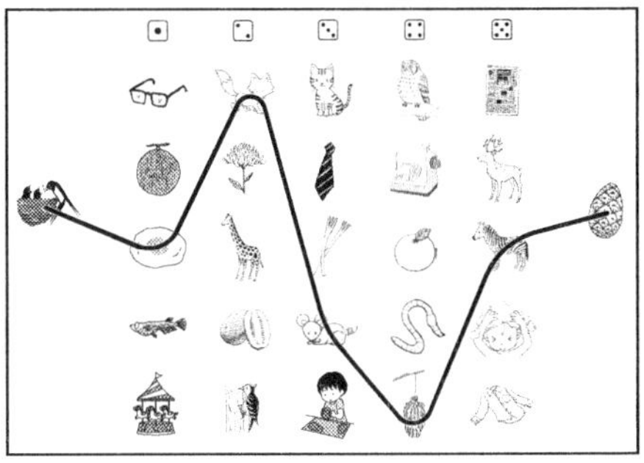

学習のポイント

しりとりとしては易しい問題と言えるでしょう。頭で考えるしりとりは、語彙数が多ければつなぐことはできますが、このように絵を見て繋いでいくしりとりは物の名前が分かっていなければ困難です。図鑑などを見たり、読み聞かせの時絵を見せるなどして、日常生活の中で指導していくことで、語彙力を高めましょう。この問題では、線を長く引くことになります。過去の出題を見ても、当校は運筆を重視していることがわかります。運筆を軽く考えるのではなく、しっかりと練習をしておいてください。筆記用具の持ち方、筆圧なども大切です。しっかりと書くためには筆記用具の持ち方から観なければなりません。直接解答には関わりが無いと考えるのではなく、入学後を見据えて、今のうちからしっかりと身につけるようにしましょう。また、保護者の方はお子さまが書く線を観て、自信を持って解答したものか、そうでないものかを判断し、苦手であった場合、その原因の把握と、対策を取ることをお勧め致します。

【おすすめ問題集】
　Ｊｒ・ウォッチャー17「言葉の音遊び」、18「いろいろな言葉」、
　49「しりとり」、60「言葉の音（おん）」

問題2　分野：図形（位置の移動）

〈準 備〉　クーピーペン（黒）

〈問 題〉　お話をよく聞いて、質問に答えてください。

①タヌキくんはイチゴが食べたかったので右に4マス、下に3マス進みました。タヌキくんがついたマスに○を書いてください。
②キツネくんはミカンが欲しかったので右に6マス、下に2マス進みました。キツネくんがついたマスに◎を書いてください。
③カバくんはリンゴに向かって6マス、右に4マス進みました。カバくんがついたマスに△を書いてください。
④サルくんはミカンに向かって3マス進んだ後、気が変ってリンゴに向かって3マス、やっぱりミカンが食べたくなってミカンに向かって2マス進みました。サルくんがついたマスに×を書いてください。
⑤クマくんはブドウジュースを作ろうと考えて左に3マス進んだところで下にあるイチゴを見つけてイチゴジュースにしようと考えて下に3マス進みました。クマくんがついたマスに●を書いてください。
⑥ネコくんは一気に左に8マス進みました。ネコくんがついた場所に□を書いてください。

〈時 間〉　各30秒

〈解 答〉　下図参照

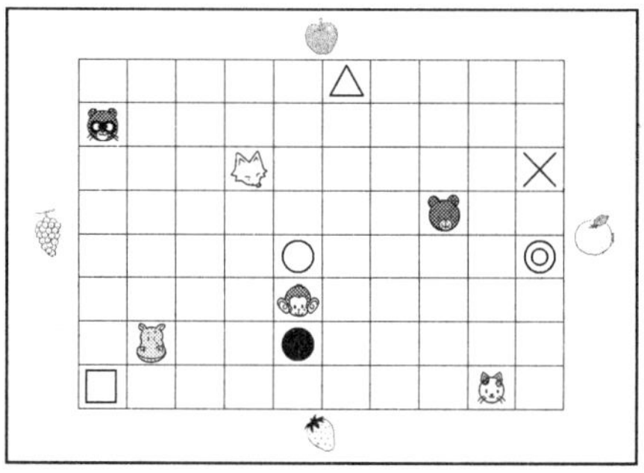

学習のポイント

聞き取りによる位置の移動です。この問題の場合、四方に果物が描いてあるため、どの方向に向かってという問題を聞いていれば、移動する方向はわかります。正しく指示を聞き取り、マス目の中を移動させれば解答が分かります。このような問題の場合、移動に関する混乱はないと思います。移動の問題ですが、移動に関して解釈が2通りあります。一つは記号などを移動させる場合です。この場合、常に同じ方向を向いて移動させることになります。右は常に右、左は常に左として移動させます。難易度としては優しい移動になります。もう一方は、人などを移動させる場合、移動した方向が正面になるため、どこを向いているかで左右が変化することです。人が移動するとき、進行方向が正面になります。ですから右に移動となれば、今度は右が正面になります。続けて右に移動と指示されたときは、解答者の方に向かってくるように移動することなりますす。この違いをしっかりと把握しておいてください。

【おすすめ問題集】

Ｊｒ・ウォッチャー31「推理思考」、47「座標の移動」

問題3　分野：言語（頭音探し）・常識（いろいろな仲間）

〈準　備〉　クーピーペン（黒）

〈問　題〉　**この問題の絵は縦に使用して下さい。**
絵をよく見て、質問に答えてください。

①上の絵と同じ音で始まり、同じ音の数の絵に△を、上の絵と同じ季節の絵に○をつけてください。
②上の絵と同じ音で終わり、同じ音の数の絵に△を、上の絵と同じ季節の絵に○をつけてください。

〈時　間〉　30秒

〈解　答〉　①△スイドウ・スイシャ・スイトウ・スケート・スカンク・ストーブ
○スケート・スキー・ストーブ
②△コスモス・キュウス
○タンポポ・ツクシ・チューリップ・サクラ・ニュウガクシキ・ヒナマツリ

学習のポイント

本問を解くにあたり、物の名称を正確に把握することと、季節に関する知識、二つの要素が必要になります。難易度は高いといえるでしょう。また、○△など、記入する記号に指定があり、設問についても、「同じ音で始まり」「同じ音で終わり」のように、指示に違いがあります。指示を最後までしっかりと聞く必要があるため、集中力も試されています。答案用紙に記号を記入する際は、可読性に気を遣いましょう。本問では、○と△、二つの記号が指定されています。どちらとも見て取れるような中途半端な記号を書いてしまうと、減点の対象となり、最悪の場合、誤答と見なされる可能性があります。指示を最後までしっかりと聞くこと、答案用紙に丁寧に記入することなどは、受験においては基礎的な内容です。解答に気を取られ、こういった基礎的な部分が疎かにならないようにしましょう。

【おすすめ問題集】
Ｊｒ・ウォッチャー11「いろいろな仲間」、17「言葉の音遊び」、34「季節」
60「言葉の音（おん）」

問題4　分野：お話の記憶

〈準備〉　クーピーペン（黒）

〈問題〉　お話を聞いて、次の質問に答えてください。

今日は朝からとても良い天気です。サル君はめずらしく早起きをしました。なぜなら前から楽しみにしていたピクニックに家族が揃って行く日だからです。お隣の仲良しのクマ君の家族が一緒です。サル君はお気に入りの野球帽をかぶって横縞のシャツ、ズボンの裾を一折して、真っ赤なスニーカーを履いて行きます。サル君がリュックを背負って外に出るとクマ君が弟やクマ君のお父さん、お母さんと一緒に出てきたところでした。皆が揃ってバス停に行くとちょうど緑山公園行きの緑色のバスが来たのでクマ君の弟、サル君の妹、3番目にサル君のお母さん、続いてクマ君のお母さん、それからサル君とクマ君、クマ君のお父さんと最後にサル君のお父さんがバスに乗り込みました。バスはすいていたので全員が席に座る事が出来ました。目的地につくと公園は一面桜の花が満開でとても綺麗です。皆おもわず「わぁ～！！きれい！」と言って桜の花に見とれてしまう程でした。桜のトンネルの中でクマ君のお父さんが「写真をとろう」と言って、そばを通ったキツネさんに頼んで全員で記念写真を撮りました。目的の川に着いたので、さっそく食事の支度です。クマ君とサル君のお父さんは釣り竿を持って川で魚釣りを、クマ君とサル君は近くの山に山菜をとりに、お母さんたちはご飯を炊いたり持ってきたお肉を焼いたり大忙し。クマ君の弟とサル君の妹は紙のお皿やお箸やコップを並べたりお手伝いをしています。山菜をとりに行った2人もたくさんとってきました。魚釣りのお父さんたちも1人が2匹づつ食べられるだけでなく4匹も余分に釣れたので、小さくてまだ子供の4匹の魚を川に逃がしてあげました。美味しいご飯を食べた後、後片付けをして皆で鬼ごっこをしたり縄跳びをしたり楽しく遊びました。帰りのバスでは皆疲れてぐっすり寝てしまいました。バスから降りて家に帰る途中でサル君とクマ君は「今日は楽しかったね」「また一緒にピクニックに行こうね」と約束をしました。

①サル君はどんな格好をしていましたか。選んで正しいものに○をつけてください。
②行きのバスに乗る時、3番目にバスに乗ったのは誰でしたか。○をつけてください。
③最後から2番目にバスに乗ったのは誰でしたか。△をつけてください。
④公園に咲いていたのはどんな花でしたか。その花に◎をつけてください。
⑤このお話の季節はいつだと思いますか。同じ季節のものに○をつけてください。
⑥お父さんたちは川に戻した魚も入れて何匹釣って来ましたか。その数だけ魚に○をつけてください。

〈時間〉　30秒

〈解答〉　下図参照

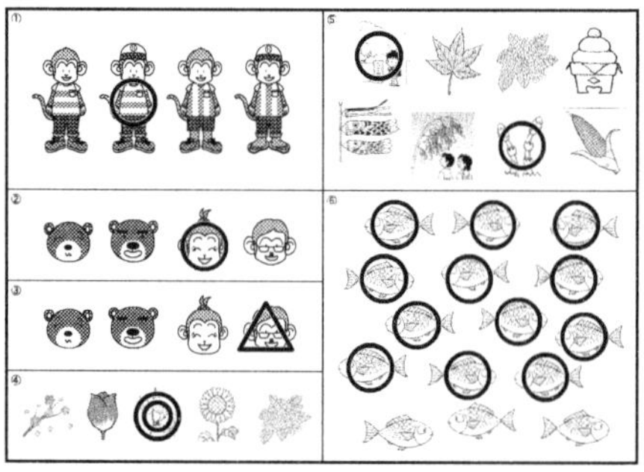

学習のポイント

登場人物が多く、それに伴い各登場人物の服装や動向、順番等々、様々な要素が含まれています。お話の記憶は小学校受験において最も多く出題される分野の一つですが、当校の問題は、中でも難しい部類です。しっかりと対策をして臨みましょう。お話の記憶の問題を解くにあたり、内容をイメージする力が必要不可欠です。読み上げられる文章を単に暗記するのではなく、お話の流れをイメージし、一連の物語として記憶することで、正答率の向上を図ることができます。こうしたイメージする力は、普段からの読み聞かせはもちろんのこと、日常生活の中でも鍛えることができます。例えば、普段の会話の中でお子さまに、今日１番おもしろかったこと、楽しかったことなどを問いかけます。その日あった出来事を思い起こすことは、架空の物語をイメージする上で、よい練習になります。他にも、普段からお子さまとの交流を深めることで、語彙力、コミュニケーション能力など、多くの力を養うことができます。

【おすすめ問題集】

１話５分の読み聞かせお話集①②、　お話の記憶　初級編・中級編、
Ｊｒ・ウォッチャー19「お話の記憶」

問題５　分野：常識（日常生活）

〈準 備〉　クーピーペン（黒）

〈問 題〉　①教室をみんなで掃除をしています。この中で間違った事をしている人に×をつけてください。
②走っている電車の中の絵です。この中で間違った事をしている人に×をつけてください。

〈時 間〉　２分

〈解 答〉　下図参照

学習のポイント

学校での正しい立ち振る舞いや、公共マナー等、お子さまの常識力を問う問題です。当校で頻出する分野の一つですから、対策を怠らないようにしましょう。また、解答の正誤だけではなく、×をつけた人はなぜ間違っているのか、×をつけなかった人はなぜ正しいのか、答えられるようにしておきましょう。このような問題には、お子さまに年齢相応の社会性が身についているか確認する意図があります。短期的な対策では、こういった本質的な部分まで身につけることは難しいです。日常生活の中で長期的に培っていきましょう。お子さまは身近な人物から最も影響を受けます。日々の生活を通して、保護者の方々がお子さまのよい見本となることが、本問の最も有効な対策といえるでしょう。

【おすすめ問題集】

Ｊｒ・ウォッチャー12「日常生活」
口頭試問最強マニュアル 生活体験編

問題6　分野：数量（たし算・ひき算）

〈準 備〉　クーピーペン（黒）

〈問 題〉　6－1の絵を見てください。それぞれのお家を通り抜けると左側の●の数が右側のように変わります。6－2の絵のお家に、当てはまる模様を描いてください。

〈時 間〉　5分

〈解 答〉　下図参照（解答例）

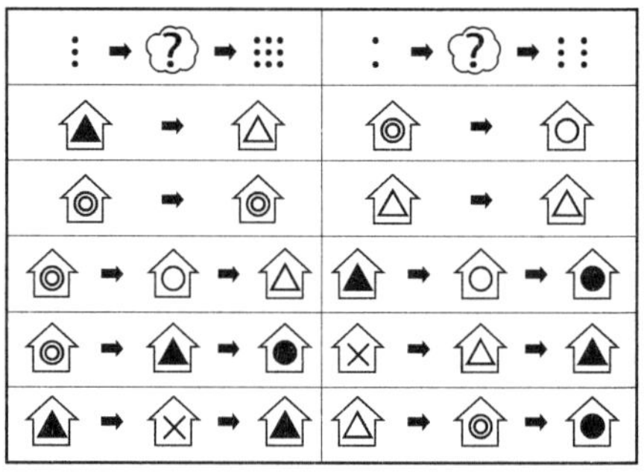

家庭学習のコツ①　「先輩ママのアドバイス」を読みましょう！

本書冒頭の「先輩ママのアドバイス」には、実際に試験を経験された方の貴重なお話が掲載されています。対策学習への取り組み方だけでなく、試験場の雰囲気や会場での過ごし方、お子さまの健康管理、家庭学習の方法など、さまざまなことがらについてのアドバイスもあります。先輩ママの体験談、アドバイスに学び、ステップアップを図りましょう！

学習のポイント

この出題は、他校を含めて出題されたことがありません。基本としてブラックボックスを解く力が必要です。この問題のポイントは、ブラックボックスを解く力はもとより、「最後まで諦めずに考えることができるか。」という集中力の持続、柔軟な思考力、観点の切り替えが求められるる問題といえるでしょう。小学校受験の問題を解く際、解き方を学ぶ方が多いと思いますが、この問題は解き方を学ぶだけでは解くことができません。この問題で一番大切なことは、途中で諦めずに、「止め」と言われるまで取り組むことです。ハウツーを多用した学習を行っているお子さまにとりましては、求めた解答以外の他の解答を求めることは苦手だと思います。しかし、そうした学習では、このような問題の対策にはなりません。また、この問題で避けなければならないことは、順番を入れ替えて解答を増やす方法です。その方法はこの問題の観点とは違ってしまいますから、順番を入れ替えた方法で解答を増やしたとしても、一つの解答とみなされてしまいます。柔軟な思考力が求められる問題といえるでしょう。

【おすすめ問題集】

Ｊｒ・ウォッチャー15「比較」、32「ブラックボックス」、
38「たし算・ひき算１」、39「たし算・ひき算２」、58「比較②」

問題7　分野：数量（選んで数える）

〈準備〉　クーピーペン（黒）

〈問題〉　一番上の四角の中を見てください。
①みかんと栗を合わせたらいくつになりますか。その数だけ○を書いてください。
②りんごとブドウを比べた時どちらがいくつ多いですか。多い方に多い数だけ○を書いてください。
③ちょうど10にするにはどれとどれを合わせるとよいですか。その絵を選んで○をつけてください。
④りんご、栗、イチゴを合わせた数を3人で分けると1人いくつになりますか。1人分の数だけ○を書いてください。
⑤この絵の中で1番数の多い物に○をつけてください。
⑥この絵の中で1番数の少ない物に○をつけてください。

〈時間〉　各20秒

〈解答〉　下図参照

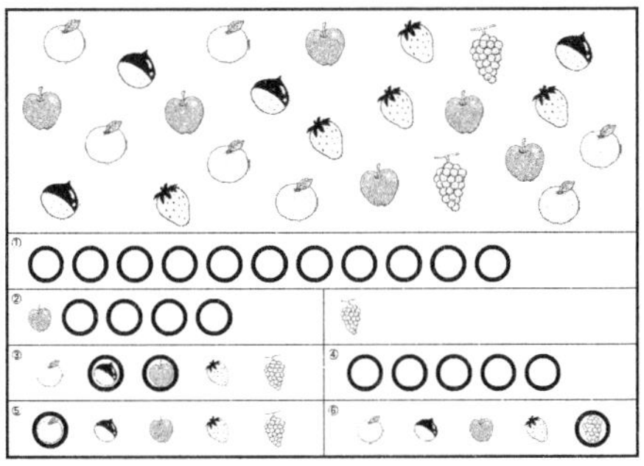

学習のポイント

本問のような問題を間違えてしまったとき、原因として最も多く挙げられるのは、数え間違いです。このような問題の対策として、類題をできるだけ多く練習し、数えることに慣れておくのがよいでしょう。また、ものを数える際、「上から数える」「左から数える」などのルールを決めておくと、ケアレスミスを防ぐのに役立ちます。お子さまが数量の問題を苦手としている場合、まずはこういった方法を試してみましょう。本問にはたし算、ひき算、わり算の要素が含まれており、数量の問題としては、難易度が高めに設定されています。落ち着いて取り組むことができるようになるまで、反復して練習するとよいでしょう。

【おすすめ問題集】

Ｊｒ・ウォッチャー15「比較」、37「選んで数える」、38「たし算・ひき算１」、39「たし算・ひき算２」、58「比較②」

問題８　分野：記憶（見る記憶）

〈準備〉　クーピーペン（黒）

〈問題〉　これから見せる絵をよく見て覚えてください。
（８－１の絵を20秒見せて伏せ、８－２の絵を渡す）
①リンゴの斜め右上にあったものに○をつけてください。
②野菜はいくつありましたか、あった数だけ○を書いてください。
③▲は何個ありましたか、あった数だけ▲を書いてください。
④▲はどこにありましたか、右側のマスの▲が書いてあった場所に▲を書いてください。
⑤右側の四角の中に足りないものを下の絵の中から選び、物の下に書いてある記号をマスの中に書きいれてください。

〈時間〉　各20秒

〈解答〉　下図参照

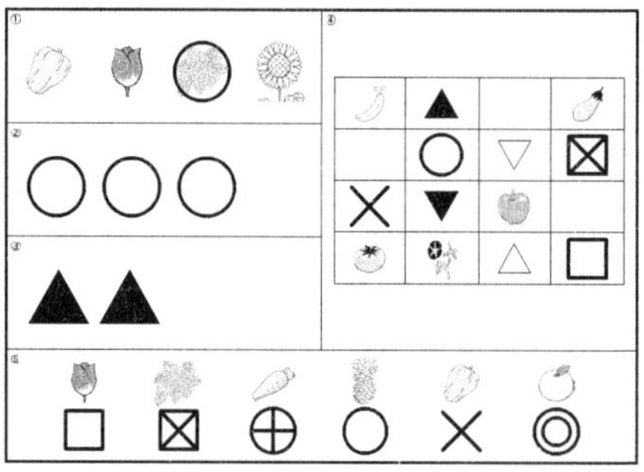

学習のポイント

全ての絵を記憶することが難しいようであれば、覚える絵を半分にするなどして、難易度を下げて取り組みましょう。一度解けたという達成感は、お子さまの意欲や自信に結びつきます。記憶の問題の最も有効な対策方法は、反復練習です。まいにちの練習を欠かさないためにも、お子さまの勉強に対するモチベーションを高めることは、非常に重要です。最終的には、本問程度の難易度の問題が解けるようになる必要があります。難易度を徐々に上げつつ、根気強く取り組みましょう。

【おすすめ問題集】
Ｊｒ・ウォッチャー20「見る記憶・聴く記憶」

問題9　分野：言語

〈準備〉　クーピーペン（黒）

〈問題〉　①1番上の絵と同じ季節の絵を選んで○をつけてください。
②①で○がつかなかった絵の最初の音を繋ぎ合わせてできる物を選んで○をつけてください。
③1番上の絵と同じ音で始まる絵を選んで△をつけてください。
④1番上の絵のように、言葉の中に濁点のついた音の入っている物に×をつけてください。

〈時間〉　各15秒

〈解答〉　下図参照

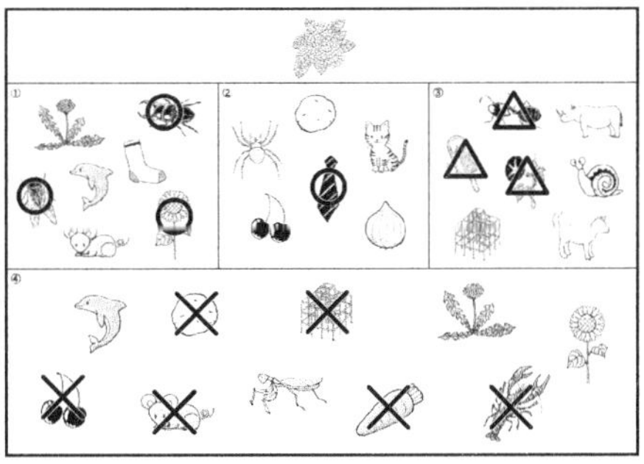

学習のポイント

季節の常識や、頭音つなぎ、同頭音、濁音の言語の問題です。絵の名前が分かっていることが、このような問題の条件です。尾音つなぎ、頭音つなぎ、同尾同頭音探し、しりとりなど様々な形で言語の問題が出されます。分からない言葉などがあった場合、聞き過ごしをしないで質問するように習慣付けておきましょう。

【おすすめ問題集】

Ｊｒ・ウォッチャー11「いろいろな仲間」、17「言葉の音遊び」、34「季節」
60「言葉の音（おん）」

問題10　分野：言語

〈準　備〉　クーピーペン（黒）

〈問　題〉　それぞれ下の四角の中に書かれた絵の中から当てはまる言葉を探して、○の列の物には○を、×の列の物には×を、△の列の物には△をつけてください。

〈時　間〉　2分

〈解　答〉　下図参照

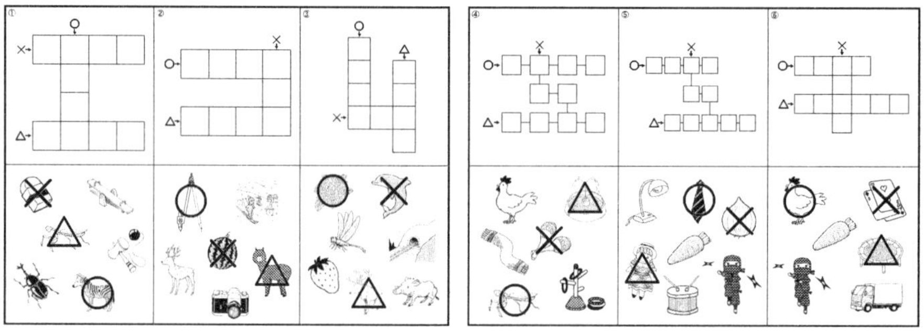

学習のポイント

当校は言語に関する問題は、毎年のように出題されています。英語に力を入れている学校ですが、母国語をしっかりと使えなければ、英語の習得は難しいといえます。子どもは、年齢に応じた言語の習得語彙数があり、近年、その習得すべく語彙数が落ちているといわれています。当校を志望される方は、言語に関する力の習得は必須です。しりとりにしても、単に入り口から出口までをたどるのではなく、途中に分岐する箇所が何カ所もあったり、○番目に長いものにという指示が加わります。一見すると難しいように見えますが、しっかりと話を聞き、理解して取り組めば、難しいことはありません。言語に関する力の習得には時間がかかること、会話量、読み聞かせが大きく影響します。日常生活におけるお子さまとの会話を重視し、読み聞かせをたくさん行うことをお勧め致します。また、苦手だから止めてしまうのではなく、最後まで諦めずに取り組む姿勢をしっかりと習得してください。問題の難易度を上がれば上がるほど、集中力は大切になってきます。お勧めとしては、いろいろな問題に取り組み、問題に対する苦手意識を取り除きましょう。

【おすすめ問題集】

Ｊｒ・ウォッチャー11「いろいろな仲間」、17「言葉の音遊び」、
60「言葉の音（おん）」

問題11　分野：言語

〈準 備〉　クーピーペン（黒）

〈問 題〉　お話を聞いて、次の質問に答えてください。

クマ君は明日遠足です。お母さんにお金をもらってヤギおじさんのお菓子屋さんに行きました。お菓子屋さんに向かって右隣りはキツネさんの魚屋さん、左隣はタヌキおじいさんの八百屋さんです。八百屋さんの店先には今日もジャガイモ、人参、大根、キャベツ、タマネギ、その他リンゴやミカンも並べられてとても賑やかです。途中でサルくんとウサギさんに会ったので一緒にお菓子屋さんに行きました。お菓子屋さんにはリスさんがいてチョコレートとイチゴ味のアメを買っていました。そこでクマくんもレモン味のアメとチョコレートとビスケットを買いました。サルくんはおせんべいとラムネのお菓子とレモン味のガムを、ウサギさんはイチゴ味のアメとクリームが挟まったクッキーを買いました。お菓子屋さんの次にクマくんは八百屋さんでミカンを5個買いました。お父さんとお母さんと弟に1個づつと残りは遠足に持って行こうと思いました。帰り道でニワトリさんやイヌくんに会ったので明日の遠足が晴れるようにみんなで、てるてる坊主を作る約束をしました。

（問題11の絵を渡す）
①お話に出てこなかった動物に○をつけてください。
②お菓子屋さんの右隣は何屋さんでしたか。○をつけてください。
③クマ君が買ったお菓子に○を、ウサギさんが買ったお菓子に△をつけてください。
④クマ君はお菓子屋さんを出た後みかんを何個買いましたか。その数だけみかんに○をつけてください。

〈時 間〉　各15秒

〈解 答〉　下図参照

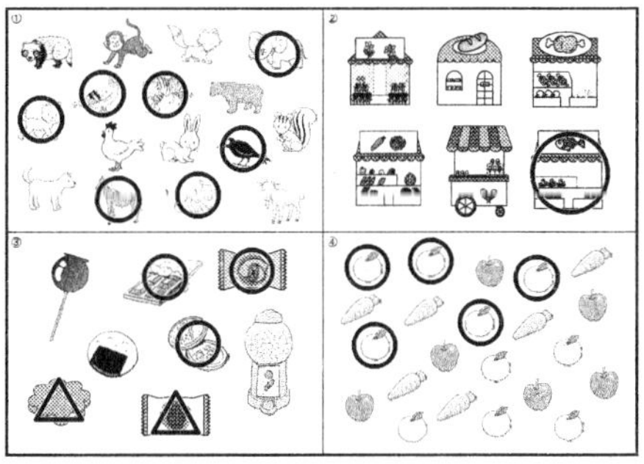

学習のポイント

毎年内容を変えて出題される問題ですが、当校の問題はお話が長く登場人物も多いことが特徴といえるでしょう。お店の位置や、登場人物が買った物など、記憶しなければならないことが多く、非常に難しい問題といえます。このような問題を解くためにはまず、お話の内容をイメージずる力が必要になります。一朝一夕で身につけられる力ではないため、普段からの読み聞かせが大切になります。問題に慣れない場合は、お話の内容を短くする、設問を読み聞かせの途中に挟むなどして、難易度を落として取り組みましょう。また、登場人物の人数や、お店に陳列された品物など、設問にない質問を投げかけることも、練習に役立ちます。

【おすすめ問題集】

1話5分の読み聞かせお話集①②、　お話の記憶 初級編・中級編、
Ｊｒ・ウォッチャー19「お話の記憶」

問題12　分野：常識（日常生活）

〈準 備〉　クーピーペン（黒）

〈問 題〉　①走っているバスの中の絵です。この中で間違った事をしている人に×をつけてください。
②教室で授業をします。この中で間違った事をしている人に×をつけてください。

〈時 間〉　各15秒

〈解 答〉　下図参照

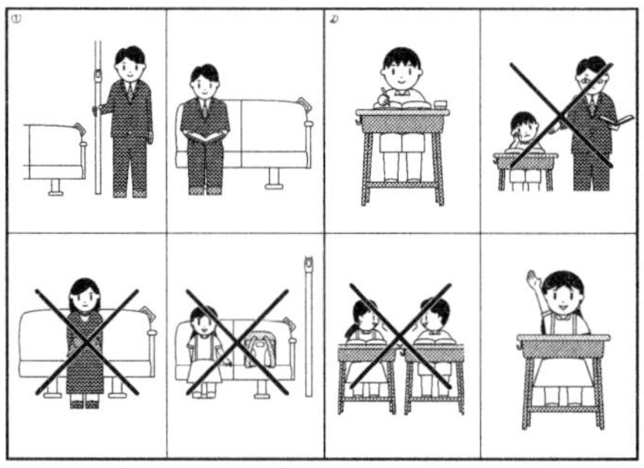

学習のポイント

コロナ禍の生活を長期間にわたりしいられてきたお子さまは、幼児期の体験が不足していると言われています。実際に入学試験においても、常識問題においてが出る.平均点が下がっていると言われています。特に、当校ではこのような常識に関する問題が頻出となっていることから、重視している分野の一つといえるでしょう。近年の入試を見ても、お子さまの常識に関する力は家庭の躾力と言われています。学校側は体験する場所が少ないからできなくていいとは考えていません。体験する場所が少ないなら、どのようにしたらお子さまが習得することができるのかを考え、対策を取る必要があると考えています。このような常識に関することは、入学試験だから身につける内容ではなく、お子さまの成長に伴い、身につけていかなければならない社会性に関する内容です。このような入試問題を家庭での対策の参考書ととらえて、日常生活に落とし込むことをお勧め致します。

【おすすめ問題集】
Ｊｒ・ウォッチャー12「日常生活」
口頭試問最強マニュアル 生活体験編

問題13　複合（常識・言語）

〈準 備〉　クーピーペン（黒）

〈問 題〉　左側の絵の中から乗り物の絵を選んで×をつけてください。残った絵の最初の音をつなぎ合わせてできるものを、右側の絵の中から選んで○をつけてください。他も同じようにやってください。

〈時 間〉　２分

〈解 答〉　下図参照

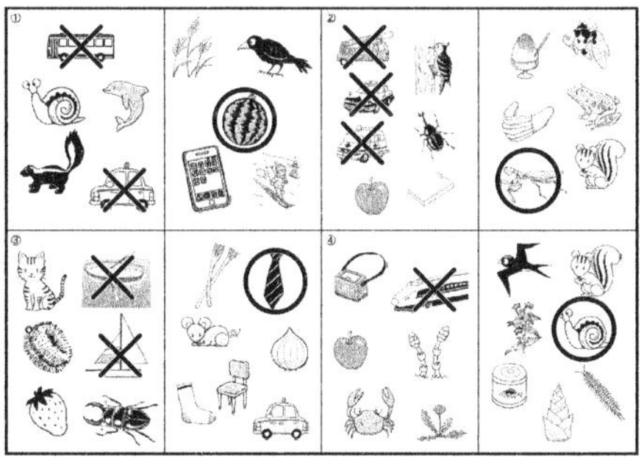

学習のポイント

１つの問題に２つの内容の質問があります。問題は最後までしっかり聞くことです。乗り物を除くと、頭音つなぎの絵が少なくなります。残った数以上の音数の物ではないことが分かります。右にある絵で残った数の音数の物を探し、最初の音を順番に繋いでいくと解答が見つかります。試験会場では声を出せませんので初めから声に出さないで練習してみましょう。

【おすすめ問題集】

Ｊｒ・ウォッチャー11「いろいろな仲間」、17「言葉の音遊び」、
60「言葉の音（おん）」

問題14　分野：数量

〈準　備〉　クーピーペン（7色）

〈問　題〉　上の約束事を見てください。左側の●が右下に来た時、どこを通ればこのような数になるでしょうか。通る道に赤い色で線を引いてください。

〈時　間〉　２分

〈解　答〉　下図参照

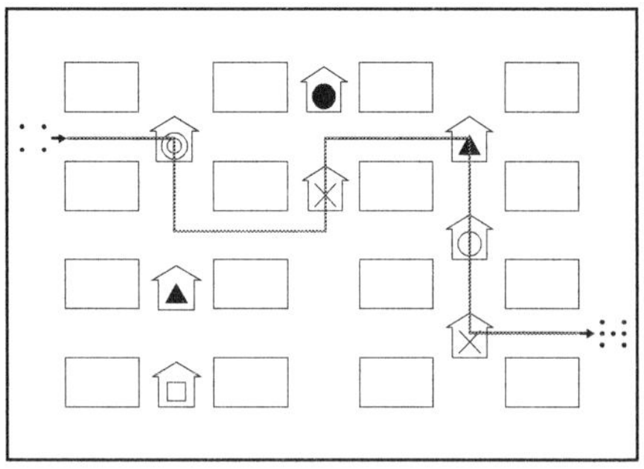

学習のポイント

この問題は、問題６で出題した観点と同じで、出題形式の違うブラックボックスの問題です。約束を見て、数がどのように変化するのかを考えながら迷路を進んでいきます。前述の問題と違う所は、ブラックボックスの要素に、運筆、迷路の要素が加わっているというところです。コロナ禍になり、このような複合的な出題が増えてきており、お子さまの柔軟な思考力、探求心、知的好奇心などがより重要となってきています。複合的な問題だからといって、慌てる必要はありません。先ずは落ち着いて考えましょう。約束をしっかりと頭に入れて、ブラックボックスの要素を解き、解けたら、迷路を進んでいく。と、別々に考えていけば、特に難しいというものではなくなります。お子さまにとって、初見の問題は難しいと捉えてしまいます。そうならないためにも、色々な出題パターンの問題に触れて置くことをおすすめいたします。問題に対して決まった解き方だけで臨むと、このような新しい問題には対応できなくなってしまいますので、注意しましょう。

【おすすめ問題集】

Ｊｒ・ウォッチャー15「比較」、32「ブラックボックス」、
38「たし算・ひき算１」、39「たし算・ひき算２」、58「比較②」

問題15　分野：数量

〈準 備〉　クーピーペン（7色）

〈問 題〉　上の描いてあるお約束を見てください。上向きの△は2段上に上がり、下向きの▽は1段下に下がります。上向きの▲は3段上に上がり、下向きの▼は2段下に下がります。
クマくんが左に描いてある印の通りに移動すると、どこにつきますか。その位置に旗を立てて旗に好きな色を塗ってください。ただし1度通ったところに戻ることはできません。

〈時 間〉　1分

〈解 答〉　下図参照

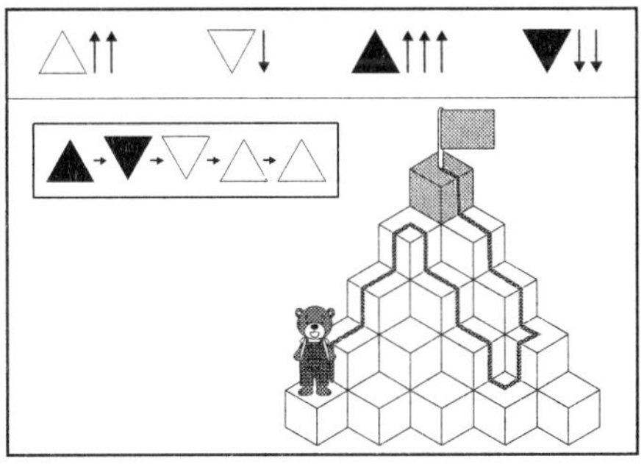

学習のポイント

この問題は指示されたことをしっかりと聞き、約束にそって移動させる問題です。立体になっている分、難しいと感じるかもしれませんが、実は、マス目の移動（人が動くパターン）と比較すると、この問題の方が難易度は低い問題です。人の移動の問題は、向きによって左右が変わったりしますが、この問題ではそれがありません。単に上下の移動だけですから、落ち着いて解けば、きちんと解答できる問題です。ただ、ポイントとしては、一度通った道は通れないと指示がされています。移動する道のりをしっかりと見定め、落ち着いて問題を解いていきましょう。最後にいるマスに旗を描き、好きな色で塗ります。せっかく正解してても、この最後の指示を実行しなければ満点とはなりません。人の話を最後まで聞くことが普段からできていれば、その心配はないと思いますが、そうでない場合、最後の指示を実行せずに終わってしまうお子さまも多いと思います。

【おすすめ問題集】
　Ｊｒ・ウォッチャー２「座標」、７「迷路」、31「推理思考」、47「座標の移動」

問題16　分野：お話の記憶

〈準 備〉　クーピーペン（7色）

〈問 題〉　お話を聞いて、次の質問に答えてください。

いつもより早起きをしたサルくん、今日はお隣のクマくんやウサギさん、キツネさん、それからタヌキくんの５人で海に魚釣りに行きます。お母さんが「たくさん釣ってきてね、今日の晩御飯のおかずはお魚にしますからね」と言うのでサルくんは「まかせてよ！家族みんなの分はちゃんと釣ってくるよ」と言いました。サルくんの家族はお父さん、お母さん、サルくんと弟の４人家族ですからサルくんは「よし！目標は４匹にしよう」と決めました。そのとき庭でお隣のクマくんが「そろそろ出掛けるよ」と声をかけてきたのでサルくんも「行ってきます」とお母さんに挨拶をして家を出ました。待ち合わせのバス停に行くとキツネさんとタヌキくんがいましたがウサギさんはまだ来ていません。そのうちに乗る予定だった赤色のバスが行ってしまいました。「ウサギさんどうしたんだろう。何かあったのかな」とタヌキくんが心配そうに言った時ウサギさんが来ました。でも「遅くなってごめんなさい」と言うだけで遅れた訳を言わないので「何で遅れた理由を言わないの」とタヌキくんが少し怒った顔で言いました。でもキツネさんが「まぁまぁ怒らないで、ちゃんと無事に来たのだから。ほらバスが来たわよ」と言ったのでみんな次に来た青色のバスに乗って海に向かいました。海につくとセミがにぎやかにミンミンと鳴いていました。みんなはそんなセミの声を聞きながら早速釣りを始めました。クマくんとタヌキくんは４匹、サルくんは３匹、キツネさんとウサギさんは２匹釣れました。でもサルくんは「4匹釣りたかったのにな」とちょっと残念そうに言いました。「初めてなのに3匹も釣れたんだからすごいわ」とウサギさんがなぐさめてくれました。その時タヌキくんのお腹がぐぅーっと鳴って「お腹が空いちゃったよ、どこかレストランに行こうよ」と言ったのでみんなも釣りをやめてお昼ご飯の時間にすることにしました。その時ウサギさんが「あのね」と言い出したのでみんながウサギさんに注目するとカバンの中からみんなのぶんのおにぎりと卵焼きを取り出しました。「どうしたのこれ」とサルくんが聞くと「実は朝早起きして作ったの。でも卵焼きがうまく作れなくて、それで時間がかかって遅刻しちゃったの。ごめんなさい」と言いました。タヌキくんは「わざわざ作ってくれたなんてありがとう。何も知らないで、さっきは怒ってごめんね。あの時すぐに言ってくれたら良かったのに」と言いました。ウサギさんは「照れ臭かったから」と言いました。タヌキくんとウサギさんは仲直りをしました。みんなはレストランへに行くのをやめて、ウサギさんの手作りのおにぎりと卵焼きを食べました。帰りのバスではみんな寝てしまいました。バス停でみんなと別れた後サルくんとクマくんは「今日は楽しかったね」「ウサギさんのおにぎり、おいしかったね」と言いあいながら家に向かいました。するとクマくんが「あっそうだ、僕の家族は３人だから１匹余るからサルくんにあげるよ」と言って魚を１匹サルくんに渡してくれました。「ありがとう」サルくんは大喜び。クマくんと別れて家に着いたサルくんは「ただいま」と元気よく言いました。

①サルくんの隣に住んでいるのは誰ですか。四角の中から選んで○をつけてください。
②みんなが初めに乗る予定だったバスは何色でしたか。左の四角にその色を塗ってください。みんなが乗ったバスの色を右の四角に塗ってください。
③タヌキくんがウサギさんを怒った時に怒らないように止めたのは誰でしたか。選んで○をつけてください。
④このお話の季節はいつだと思いますか。同じ季節の物を四角の中から選んで○をつけてください。
⑤ウサギさんが作ってきたお弁当は何でしたか。○をつけてください。
⑥みんなが釣った魚は全部で何匹でしたか。その数だけ魚に○を書いてください。

〈時 間〉　1分

〈解 答〉　①クマくん　②左一赤　右一青　③キツネさん
④夏一七夕・クワガタムシ・アジサイ　⑤おにぎり・卵焼き　⑥15匹

学習のポイント

長文の話ですが、内容としてはイメージのしやすい内容です。注意することは、釣った魚の数のところです。集中して聞きていれば惑わされないでしょう。当校のお話の記憶の特徴は、その年によっても異なりますが、割合複雑な内容の質問がありレベルの高い問題が多く出ています。読み聞かせは常に行い、長文の記憶にたえられるようにしておきましょう。

【おすすめ問題集】
1話5分の読み聞かせお話集①②、　お話の記憶 初級編・中級編、
Ｊｒ・ウォッチャー19「お話の記憶」

問題17　分野：見る記憶

〈準 備〉　クーピーペン（7色）

〈問 題〉　これから見せる絵をよく見て覚えてください。
（17-1の絵を20秒見せて伏せ、17-2の絵を渡す）
①今見た絵で桜の斜め右上にあったものに○をつけてください。
②今見た絵にあった春の季節の花に○をつけてください。
③今見た絵にあった野菜に○をつけてください。
（6－3の絵を渡す）
④今見た絵で元あった場所と違う場所に書いてあるものに×をつけてください。
⑤今見た絵には書いてなかったものに△を書いてください。

〈時 間〉　各20秒

〈解 答〉　①トマト　②○サクラ・チューリップ　③○ニンジン・トマト・キューリ
④×ヒマワリ・チューリップ・トマト・ニンジン　⑤△ダイコン・ミカン

学習のポイント

記憶して答える問題において、記憶時間の継続は、最たる課題のひとつです。お話の記憶のような問題は、話の内容どおりの順番で出題されることが多く、比較的解きやすい傾向にありますが、見る記憶においては、順番がありません。記憶の時間の継続がポイントとなるでしょう。お話の記憶や見る記憶の訓練として、お話がおわったら（絵を見終わったら）時間をおいて問題を出題するなどして、練習してみましょう。

【おすすめ問題集】
Ｊｒ・ウォッチャー20「見る記憶・聴く記憶」

2022年度以前の入試問題

問題18　分野：言語（クロスワード）

〈準備〉　サインペン

〈問題〉　左の四角の中のマス目には右の四角の中にある絵の名前が入ります。また、太く囲まれたマス目には同じ音が重なって入ります。左の四角の中のマス目のそれぞれの印のところにはどんな名前が入るでしょうか。その絵を右の四角の中から選んでその印を書いてください。

〈時間〉　各40秒

〈解答〉　下図参照

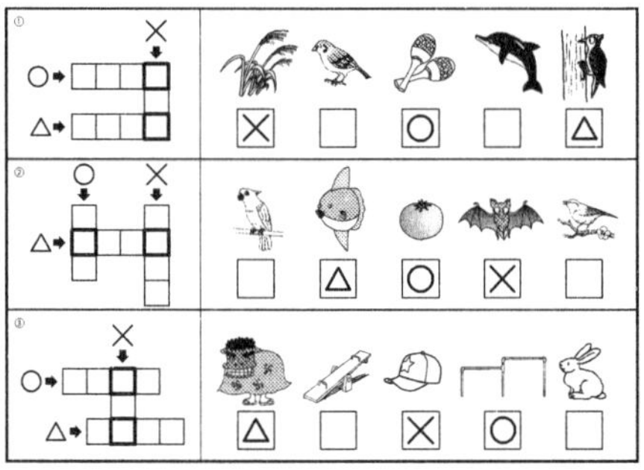

学習のポイント

当校ではおなじみのクロスワード問題です。クロスワードという形ではありますが、考え方の基本はしりとりと頭音（尾音）探しの組み合わせになります。例えば、①では○と×はしりとりでつながり、×と△尾音でつながっています。お子さまは文字で考えられない分少し難しさはあるものの、しりとりや頭音（尾音）探しといった言語問題の基本的な考え方を理解していれば充分に対応できます。こうした、一見複雑そうな問題でも、基本がしっかりしていれば慌てる必要はありません。ちなみに今年度の入試では、日程によってクロスワードが出題されなかったこともあったようです。

【おすすめ問題集】

Ｊｒ・ウォッチャー17「言葉の音遊び」、18「いろいろな言葉」、
49「しりとり」、60「言葉の音（おん）」

問題19　分野：図形（回転図形）

〈準　備〉　サインペン

〈問　題〉　1番上の段の見本を見てください。左の形を不思議な虫眼鏡で見ると右の形になります。
①②左の形を不思議な虫眼鏡で見るとどんな形になるでしょうか。選んで○をつけてください。
③　左の形を不思議な虫眼鏡で見るとどんな形になるでしょうか。マス目に印を書いてください。間違えてしまった場合は、×印をつけて新しいマス目に書き直してください。

〈時　間〉　①②各30秒　③1分

〈解　答〉　下図参照

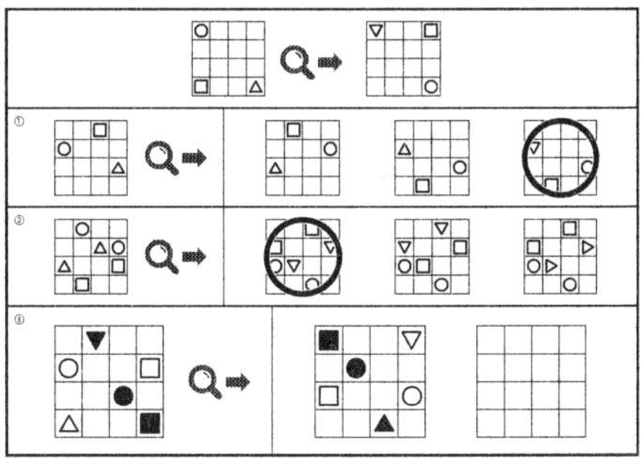

学習のポイント

出題の仕方が推理問題のブラックボックスのような回転図形の問題です。保護者の方は、問題集に回転図形と書いてあるのですぐに理解できますが、実際の試験では何の問題かはわかりません。問題には回す（倒す）という回転図形ではおなじみの言葉も使われていません。形を見てどういう変化をしたのかを考えなければいけないのです。何を問われているのかを考えさせることが本問の出題意図と言うこともできます。ご家庭で学習に取り組む時も、どんな問題を解くのかを説明せず、お子さま自身に考えさせるようにしてみると、こうした問題への対応力を付けることができます。

【おすすめ問題集】
Ｊｒ・ウォッチャー32「ブラックボックス」、46「回転図形」

家庭学習のコツ②　「家庭学習ガイド」はママの味方！

問題演習を始める前に、試験の概要をまとめた「家庭学習ガイド（本書カラーページに掲載）」を読みましょう。「家庭学習ガイド」には、応募者数や試験課目の詳細のほか、学習を進める上で重要な情報が掲載されています。それらの情報で入試の傾向をつかみ、学習の方針を立ててから、対策学習を始めてください。

問題20　分野：言語（頭音探し）・常識（いろいろな仲間）

〈準備〉　サインペン

〈問題〉　左の絵とはじめの音が同じものに○を、同じ仲間のものに×をつけてください。

〈時間〉　各30秒

〈解答〉　下図参照

学習のポイント

こうした複合問題は指示が複数出されることが多いので、答えはわかっているのに解答方法を間違えてしまったりすることがあります。まずは、しっかりと問題を聞くようにしましょう。何に○をつけるのか、何に×をつけるのかを常に頭に置きながら問題に取り組んでいく必要があります。解答を考えながら解答方法にも気を付けていくことは、お子さまにとっては意外と難しい作業だったりします。複数のことが同時に考えられるように、お手伝いなどの時にまとめて指示を出してみたりするとよいでしょう。それは話をよく聞くというトレーニングにもなるので一石二鳥です。

【おすすめ問題集】

Ｊｒ・ウォッチャー11「いろいろな仲間」、17「言葉の音遊び」、
60「言葉の音（おん）」

問題21　分野：常識（いろいろな仲間）

〈準備〉　サインペン

〈問題〉　四角の中の絵に関係あるものをそれぞれ線でつないでください。ただし、線同士が重なってはいけません。

〈時間〉　1分30秒

〈解答〉　下図参照（解答例）

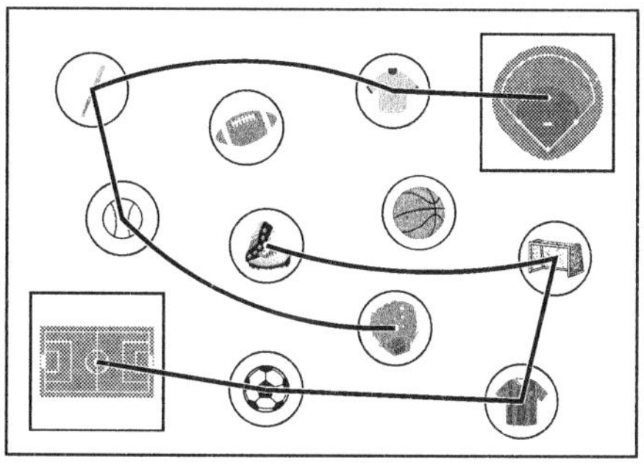

学習のポイント

当校では同じ分野の問題でも出題の仕方や複合的な形をとって複数問出題されることがあります。本問も問題４と同様にいろいろな仲間（仲間探し）の問題ですが、問題自体の難しさではなく、解答方法への対応が中心になっていると言えるでしょう。問題を最後まで聞かず、「～線でつないでください」のところで解答を始めてしまうと、後々大変なことになってしまうかもしれません。答えはわかると思うので、どうやったら重ならないように線を引くことができるかが本問のポイントになります。当校はサインペンを使用するので、ペン先を紙に当てたままにしておくとインクが滲んでしまいます。考える時はペンを紙から離すようにしてください。細かなことですが注意しておきましょう。

【おすすめ問題集】

Ｊｒ・ウォッチャー11「いろいろな仲間」、31「推理思考」

問題22　分野：推理（位置の移動）

〈準　備〉　サインペン

〈問　題〉　上の段の見本を見てください。△は１段上がります。▽は１段下がります。▲は２段上がります。▼は２段下がります。
キツネが印の通りに移動するとどこに着くでしょうか。その位置に色を塗ってください。ただし、１度通ったところに戻ることはできません。

〈時　間〉　１分

〈解　答〉　下図参照

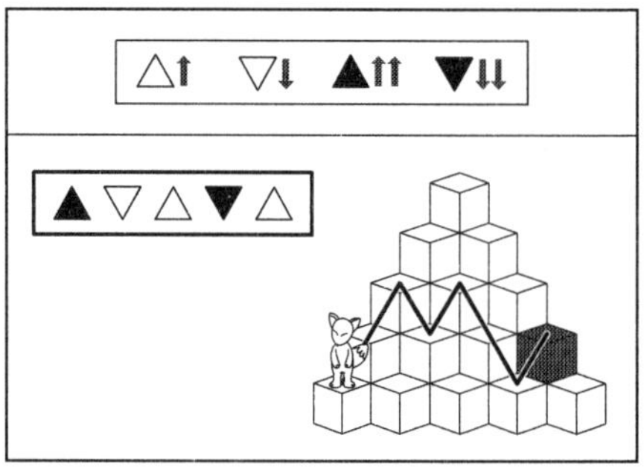

学習のポイント

当校では、他校では見たことのないような問題がよく出題されます。座標の移動や地図の移動など、指示にしたがってコマを動かすという問題は時折見かけますが、それらは平面上の移動です。本問は立体での移動となるので難しさは数段上がります。ただ、指示通りに動けばルートは１つだけです。しっかりと指示を理解して進めていけば解けない問題ではありません。こうした難問と呼ばれる問題は、正解できればラッキーという意識で臨むのがよいのではないかと思います。限られた時間の中で優先して取り組むべきは、やはり基礎的な問題です。難しい問題にこだわりすぎて、足もとをおろそかにしないようにしましょう。

【おすすめ問題集】
Ｊｒ・ウォッチャー２「座標」、７「迷路」、31「推理思考」、47「座標の移動」

問題23　分野：お話の記憶

〈準備〉　サインペン

〈問題〉　お話を聞いて、後の質問に答えてください。

リスくんは４人家族。お父さんとお母さんと妹といっしょに暮らしています。今日は日曜日。朝からとってもいい天気だったのですが、急に空が暗くなってきました。お母さんが慌てて「雨が降りそうだから洗濯物をお家に入れて」と言いました。リスくんは、お母さんといっしょに洗濯物を取り込みました。そうするとすぐに雨が降ってきました。リスくんは「洗濯物が濡れなくてよかったね」とお母さんに言うと、「手伝ってくれたおかげよ。ありがとう」と言って、ご褒美にイチゴのアイスをくれました。妹が「私も欲しい！」と言ったので、半分分けてあげました。庭を見ると、アジサイの花が雨に濡れてキラキラ輝いて見えました。
雨で外に行けないのでお家にいると、お父さんが「トランプをしよう」と声をかけてきました。リスくんも妹も「やる！」と喜んでいます。「何をしようか」とお父さんが聞くと、妹は「ババ抜きがいい！」と言い、リスくんは「七並べがしたい」と言いました。お父さんは「じゃあジャンケンで決めなさい」と言ったので、ジャンケンをすると妹が勝ちました。お母さんも呼んで、みんなでトランプを楽しみました。
遊んでいるうちに雨はやみ、太陽が出てきました。リスくんは「晴れたから公園に遊びに行く！」と言って出ていこうとしましたが、お母さんが「外は暑いからこれを持っていきなさい」と水筒を渡してくれました。公園に着くと、ネコさん、キツネくん、クマさん、サルくんが遊んでいました。リスくんもみんなといっしょに遊ぶことにしました。すべり台で遊んで、ブランコに乗り、ジャングルジムにも登りました。遊んでいるうちに夕方になったので、みんなは「また、遊ぼうね」と言ってお家に帰りました。
お家に着くと、晩ごはんの準備ができていました。今日はカレーライスです。それだけではなく、唐揚げもあります。とってもおいしかったので、リスくんは唐揚げを３つも食べてしまいました。お父さんとお母さんは２つずつ、妹は１つ食べました。ごはんを食べた後、お母さんが絵本を読んでくれました。お話は「桃太郎」です。お話を聞いているうちに妹は眠ってしまいました。「今日はここまでにしましょう」とお母さんが言ったので、お話の途中で終わってしまいました。リスくんはもっと聞いていたかったので残念に思いました。

（問題23の絵を渡す）
①このお話に出てこなかった動物はどれでしょうか。選んで○をつけてください。
②このお話の季節と同じものはどれでしょうか。選んで○をつけてください。
③リスくんが公園に持っていったものは何でしょうか。選んで○をつけてください。
④リスくんの家族は晩ごはんに唐揚げをいくつ食べたでしょうか。その数の分だけ○を書いてください。
⑤お母さんが読んでくれた絵本に出てこなかったものはどれでしょうか。選んで○をつけてください。
⑥これから言うことがお話と合っていれば○を、間違っていたら×をそれぞれの印のところに書いてください。
イチゴ「お庭に咲いていたのはヒマワリの花です」
リンゴ「リスくんと妹が食べたのはチョコレートです」
バナナ「家族で遊んだトランプはババ抜きです」

〈時間〉　各20秒

〈解答〉　①真ん中（イヌ）　②左から２番目（夏）　③右から２番目（水筒）
④○：８　⑤右から２番目（ネコ）　⑥イチゴ：×、リンゴ：×、バナナ：○

学習のポイント

お話はやや長めですが、質問自体はそれほど難しいものではないので、しっかり聞くことができていれば充分に対応できます。⑤では、お話の内容とは関係のない「桃太郎」の知識が問われますが、さすがにこのくらいのことはわかっていてほしいところです。もし「桃太郎」を知らなかったとしたら、読み聞かせが足りないということです。お話の記憶の基本は、お話を「聞く」ことです。お話を聞くことができれば、自然と内容も理解できるようになります。内容が理解できれば、質問にも答えることができるようになります。「聞く」ことがすべての基礎になってくるのでしっかりと土台作りをするようにしてください。

【おすすめ問題集】

1話5分の読み聞かせお話集①・②、お話の記憶問題集 初級編・中級編・上級編、
Ｊｒ・ウォッチャー19「お話の記憶」

問題24　分野：数量（たし算・ひき算）

〈準備〉　サインペン

〈問題〉　くだものの真ん中に回るテーブルがあります。ただし、回るのは外側だけです。
①テーブルがイチゴのところからブドウのところまで回りました。ブドウのところには合わせていくつ☆があるでしょうか。その数の分だけ○を書いてください。
②テーブルがリンゴのところからミカンのところまで回りました。バナナのところにある外側と内側の☆の数はいくつ違うでしょうか。その数の分だけ○を書いてください。
③サクランボのところにある☆の数を合わせて９個にするためには、サクランボのところからどのくだもののところまでテーブルを回せばよいでしょうか。選んで○をつけてください。

〈時間〉　各30秒

〈解答〉　①○：10　②○：１　③上段真ん中（イチゴ）

学習のポイント

最終的にはたし算とひき算の問題なのですが、そこにたどり着くまでが大変です。頭の中で考えていても理解を深めることが難しいので、実際にテーブルを回して、目で見ながら考えていくことが有効な方法と言えるでしょう。本問を切り取って外側のテーブルを回しながら考えてみてください。１つ回す（動かす）とどう変化するのか、２つ回すとどうかというように手を動かして目で見ることで、頭の中でも動かすことができるようになっていきます。本問は数量の問題ではありますが、頭の中で形を動かすという図形感覚をしっかり持っていないと対応に苦労する問題になっています。

【おすすめ問題集】

Ｊｒ・ウォッチャー38「たし算・ひき算１」、39「たし算・ひき算２」

問題25　分野：推理（シーソー）

〈準備〉　サインペン

〈問題〉　1番上の段を見てください。このようにシーソーがつり合っています。
①②この絵のように形が載っている時、シーソーはどちらに傾くでしょうか。傾く方に◯をつけてください。シーソーがつり合う時は真ん中に◯をつけてください。
③　左側にこの形が載っている時、右側に□をいくつ載せるとつり合うでしょうか。右側にその数の分だけ□を書いてください。

〈時間〉　①②各1分　③1分30秒

〈解答〉　下図参照

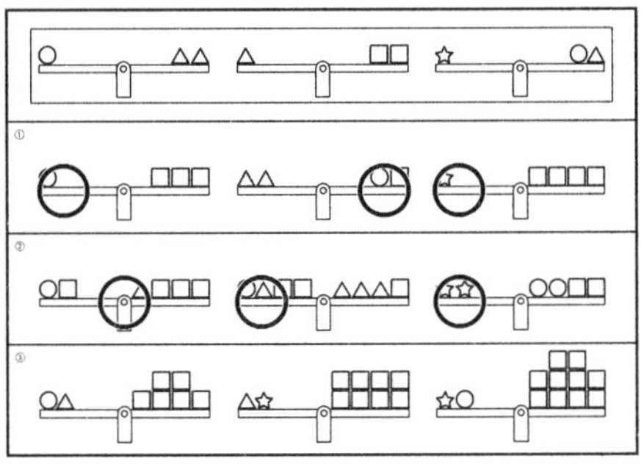

学習のポイント

問題には二人の登場人物がいて、それぞれの踊りが異なります。お話を聞き、二人の踊りがしっかりと把握できたでしょうか。問題では、りかちゃんのダンスを踊ったみさちゃんはどれかと問われています。つまり、りかちゃんのダンスを解答すれば答えになるのですが、このあたりの整理がしっかりとできていたでしょうか。それがきちんと記憶できていないと、設問①の問題は難しいと思います。設問①で混乱してしてしまったお子さまは、設問②はすんなりと解答ができたでしょうか。設問①で熟考してしまったため、他の記憶が飛んでしまった、ということはよくあることです。そうならないためにも、しっかりとお話を聞き、覚えるように練習を重ねましょう。先にも触れましたが、お話の記憶は読み聞かせの量に比例すると言われています。そのため、学習以外の場でも読み聞かせの機会を設け、記憶力の向上に努めましょう。

【おすすめ問題集】

1話5分の読み聞かせお話集①・②、お話の記憶 初級編・中級編・上級編、
Ｊｒ・ウォッチャー19「お話の記憶」

問題26　分野：制作（絵画）

〈準備〉　クーピーペン（12色）

〈問題〉　**この問題の絵はありません。**
「最近できるようになったこと」「今がんばっていること」「家族で行きたいところ」「コロナが終わったらしたいこと」などの課題に沿った絵を描く。描き終わった後、描いた絵についての質問がある。

〈時間〉　適宜

〈解答〉　省略

学習のポイント

制作課題ではありますが、絵の出来が問われることはほとんどありません。細かな指示がある場合は別ですが、こうした大まかなテーマが課題となっている場合は評価の基準を定めにくいので、描いた後に行われる質問の方に重点が置かれることが多くあります。つまり、本問は制作という形をとった口頭試問と言うことができるでしょう。ここでは、お子さまの考えをお子さまの言葉で表現することが求められます。その絵を描いた理由を説明できる必要があるのです。こうした、自分の考えを言葉にするという課題は、最近の小学校入試ではよく出題されるようになってきています。ふだんの生活の中でもそうした機会を作ってあげるとよいでしょう。

【おすすめ問題集】

Ｊｒ・ウォッチャー22「想像画」、24「絵画」、
新 口頭試問・個別テスト問題集、新 ノンペーパーテスト問題集

問題27　分野：運動

〈準備〉　階段、マット、鉄棒、平均台、フープ

〈問題〉　**この問題は絵を参考にしてください。**
【サーキット運動】
①階段（３段）を登りマットに飛び降りる。
②鉄棒にぶら下がる（５秒間）。
③飛行機のポーズをとる。
④平均台を渡る。
⑤ケンパーをする。
⑥後ろ向きで進み、先生の合図で前を向いてスキップをする。

〈時間〉　適宜

〈解答〉　省略

学習のポイント

多少の変化はありますが、例年５～６個の運動課題がサーキット形式で行われています。特に細かな指示は出されていないようですが、それだからこそすべてが観られているとも言えます。運動にはつきものの待つ時間もその１つです。保護者の方はどんな課題が出るのかばかりに注目しがちですが、実は取り組む姿勢や待つ時の態度の方が重要なのです。もちろん、課題がうまくできるに越したことはありませんが、できなかったとしてもあきらめずに課題に取り組んでいれば、評価はしてもらえます。上手にやろうとするのではなく、指示を守って一生懸命に取り組むことが大切だということをお子さまに伝えてあげてください。

【おすすめ問題集】
新 運動テスト問題集、Ｊｒ・ウォッチャー28「運動」

問題28 分野：行動観察

〈準備〉 ビニールテープで４×４のマス目（１マス１メートル程度）を作る。

〈問題〉 **この問題の絵はありません。**
（３人１組で行う）
【オニごっこ】
マス目の中でオニごっこをする。逃げる人が１マス動くとオニも１マス動くことができる。動けるのは前後左右のみ（斜めには動けない）。オニと逃げる人が同じマスに入ったらオニに捕まったことになり、オニを交代する。

〈時間〉 適宜

〈解答〉 省略

学習のポイント

楽しそうなゲームなのでお子さまは夢中になってしまうかもしれません。ゲームに熱中するあまりお子さまの本当の姿が見えてくることもあるでしょう。それが学校のねらいでもあります。そうした状況でもルールや指示を守れるのか、自分勝手になっていないかなどが観られています。こうした行動観察は、集団の中でお子さまがどういった行動をするのかを観るものです。それは小学校入学後の集団行動に適応できるかどうかのシミュレーションでもあります。学校によっては、ペーパーテストの成績がよくても行動観察がダメで不合格になるということもあるので、ペーパーテスト以外もおろそかにしないようにしましょう。

【おすすめ問題集】
Ｊｒ・ウォッチャー29「行動観察」

問題29　分野：親子面接

〈準 備〉　なし

〈問 題〉　この問題の絵はありません。

【保護者へ】
・本校を選んだ理由をお聞かせください。
・本校のほかに併願校はありますか。
・通っている幼稚園（保育園）を選ばれた理由を教えてください。
・お子さまは幼児教室に通っていますか。
・どこの幼児教室に通っていましたか。
・幼児教室に通ってお子さまに変化はありましたか。
・どのようなお仕事をされていますか。
・お休みの日はどのように過ごされていますか。

【志願者へ】
・お名前を教えてください。
・生年月日と住所を教えてください。
・幼稚園（保育園）の担任の先生のお名前を教えてください。
・幼稚園（保育園）では何をして遊びますか。
・お父さんとお母さんとお休みの日に何をして遊びますか。
・お家でどんなお手伝いをしていますか。
・大きくなったら何になりたいですか。それはなぜですか。
・好きな本は何ですか。その本をなぜ好きなのですか。

〈時 間〉　15分程度

学習のポイント

オーソドックスな小学校入試面接と言えるでしょう。基本的には一問一答の形で面接が行われています。だからと言ってマニュアル通りの受け答えをしていては何のプラスにもなりません。保護者が目立つ必要はありませんが、きちんと自分の考えを自分の言葉で伝えられるようにしてください。それはお子さまにも求められる力です。何を問われているのかを理解し、それに則して答えられるという、いわばコミュニケーション能力が重要になります。まずは、家庭内でのコミュニケーションをしっかりとることから始めましょう。

【おすすめ問題集】
新 小学校受験の入試面接Q＆A、家庭で行う面接テスト問題集、
保護者のための面接最強マニュアル

家庭学習のコツ③　効果的な学習方法～問題集を通読する

過去問題集を始めるにあたり、いきなり問題に取り組んではいませんか？　それでは本書を有効活用しているとは言えません。まず、保護者の方が、すべてを一通り読み、当校の傾向、ポイント、問題のアドバイスを頭に入れてください。そうすることにより、保護者の方の指導力がアップします。また、日常生活のさまざまなことから、保護者の方自身が「作問」することができるようになっていきます。

問題30　分野：言語（クロスワード）

〈準備〉　サインペン

〈問題〉　上の段の見本を見てください。左の四角の中のマス目には、右の四角の中の絵の名前が入ります。見本では、縦に「スズメ」が入り、横に「メダカ」が入ります。また、太く囲まれたマス目には同じ音が重なって入ります。見本では「メ」の音が入ります。その時、使われなかった絵を右の四角の中から選んで○をつけます。見本と同じように、下の問題に答えてください。

〈時間〉　各40秒

〈解答〉　下図参照

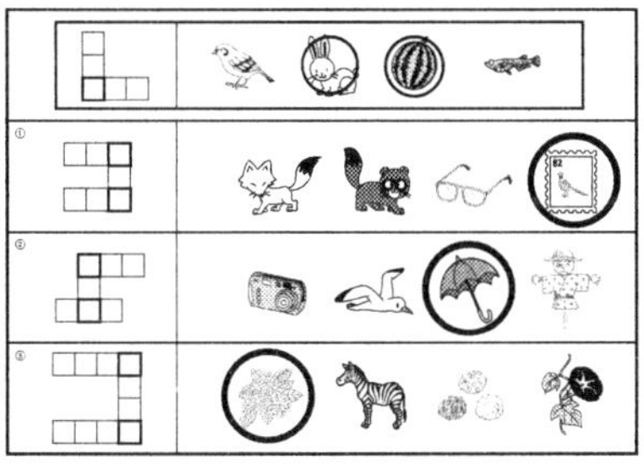

学習のポイント

当校では例年、クロスワードの問題が出題されているので対策をとっておきましょう。保護者の方にとっては一目見て、この問題がクロスワードだとわかると思いますが、この年齢のお子さまは実際に解いたことがないと、クロスワードの特徴である「マスに音をはめ込む」ということに気付きにくいので難しい問題と言えます。この問題を解くポイントとしては、同じ音が入るという意味の太い線のマスに注目します。①の右上の太い線のマスを見てください。上の横マスは「尾音」、縦のマスは「頭音」にその太い線のマスが重なります。この条件を踏まえて選択肢を見ると、「タヌキ」の「キ」と「キツネ」「切手」の「キ」に絞られ、上の横マスは「タヌキ」とわかります。同じようにして、下の太い線のマスを見ていくと、このマスはそれぞれ尾音同士ということから、「メガネ」と「キツネ」の尾音がいっしょなので、答えが「切手」とわかります。

【おすすめ問題集】

Ｊｒ・ウォッチャー17「言葉の音遊び」、18「いろいろな言葉」、
60「言葉の音（おん）」

問題31　分野：数量（同数発見）

〈準　備〉　サインペン

〈問　題〉　マスの中に描かれている絵の数が同じものを見つけて、左上のウサギのマスから右下のネズミのマスまで線でつないでください。お約束として、黒いマスを飛び越えてはいけません。また斜めに進むこともできません。

〈時　間〉　各１分

〈解　答〉　下図参照（解答例）

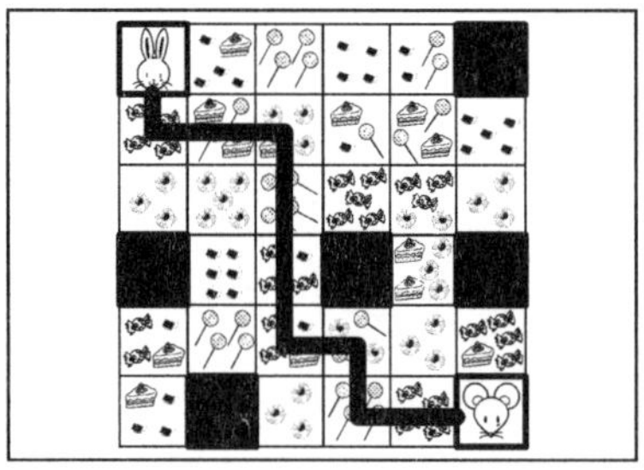

学習のポイント

一見すれば図形分野の問題に見えますが、マスの中の絵を数えて同じ個数が隣合っていれば線をつないでいき、答えを出すという「数える」という数量の問題と言えます。始まりのウサギのマスを見ると、右に「せんべい４つ、ケーキ１つ」の個数が５つのマスと、下に「アメ４つ」の個数が４つのマスがあります。それらのマスの隣を確認すると、５つのマスの隣には同じ個数はありません。４つのマスは、右隣に「ケーキ２つ、アメ２つ」の４つのマスがあることから、線をつなぐことができます。このようにして解いていけば答えは導き出せます。それに加えて、目的地の位置の把握も必要です。この問題では線をつなぐのに扱っている数は「４」ですが、線をつなげていくと目的地にたどり着けない「４」もあります。このことから「４」を見つけてすぐに線を引くのではなく、しっかりと目的地の位置を把握しながら線を引けているかどうかも観られているということでしょう。

【おすすめ問題集】

Ｊｒ・ウォッチャー36「同数発見」

問題32　分野：言語（しりとり）

〈準備〉　サインペン

〈問題〉　太い○の中の絵から「しりとり」を始めます。順番に線をつないでください。

〈時間〉　各30秒

〈解答〉　下図参照

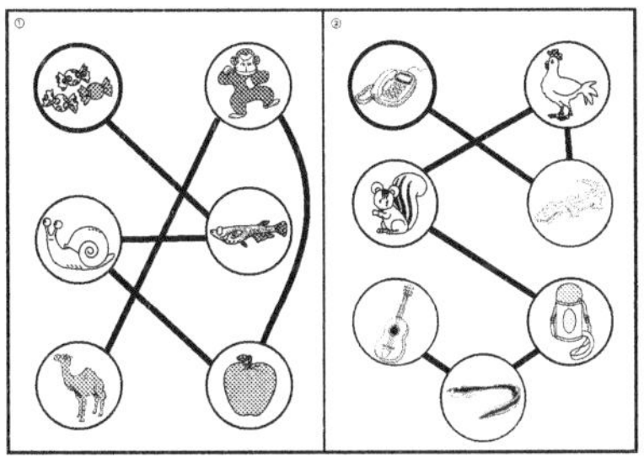

学習のポイント

太い○からしりとりを始めて、絵を線でつないでいく問題です。この年齢のお子さまならば、「しりとり」で遊んだことがあるので難しくないでしょう。ですから、お子さまが間違えたのであれば、「しりとり」の問題を理解できなかったのではなく、絵そのものを理解できなかったのではないでしょうか。ただ、その場合は知識量を増やせればよいので、保護者の方は心配する必要はありません。最近は、知識を増やす方法は多様化しています。図鑑だけでなく、インターネットなどで増やすこともできます。生活環境に合った方法を見つけて、知識を増やしていきましょう。

【おすすめ問題集】
　Ｊｒ・ウォッチャー49「しりとり」

問題33　分野：図形（対称・重ね図形）

〈準備〉　サインペン

〈問題〉　左の２つの四角を太線で矢印の方向に折った時、黒いマスに隠れる記号のみが書かれている四角を右の中から選んで○をつけてください。

〈時間〉　各30秒

〈解答〉　下図参照

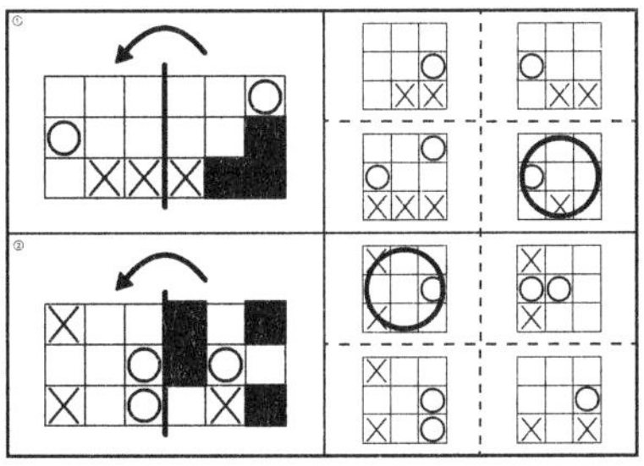

学習のポイント

「折る」ことで図形が対称となり、それを「重ねる」ことで重ね図形にもなるので複合的な図形問題と言えます。それだけでなく、黒で塗られているマスに隠れる記号だけ書かれた四角を選ぶという指示もあるので、お子さまは解くのに困惑してしまうかもしれません。このような複合的な問題で解くポイントは、いきなり答えを出そうとせずに、１つひとつ作業を分割して取り組むことです。この問題ならば、①「折る」ことで記号の移動を確認する　②黒いマスに隠れた記号を確認する、というように解いていけば頭の中で問題が整理されて解きやすくなります。

【おすすめ問題集】
　Ｊｒ・ウォッチャー８「対称」、35「重ね図形」

問題34　分野：図形（図形の構成）

〈準備〉　サインペン

〈問題〉　上の図形を作る時に使わないパーツに○をつけてください。

〈時間〉　各30秒

〈解答〉　下記参照

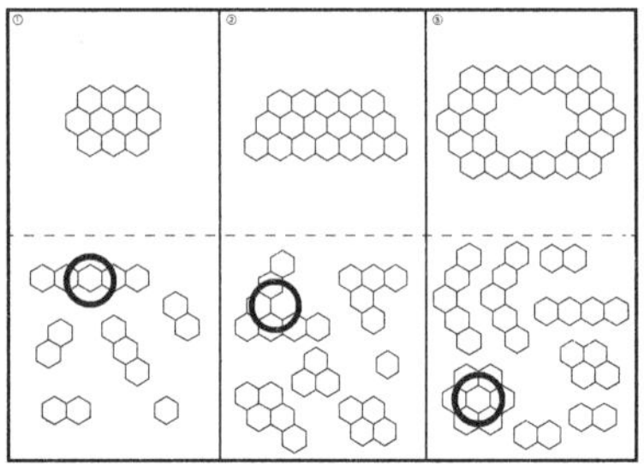

学習のポイント

この問題で観られているのは、どのように組み合わせれば見本の形を作ることができるか、つまり図形の構成の仕方です。そのためには、見本の図形の特徴を把握しなければいけません。①の問題を見てみると、見本の図形は下に３つ、真ん中に４つ、上に３つの六角形のパーツに分けることができます。それを踏まえて、選択肢のパーツを見ると、選択肢の中にある５つのパーツは使わないものだとわかります。②③にも見本の図形に当てはまらないものがあるので同様に解くことができます。このように言葉で説明してもお子さまがあまり理解できていないようであれば、実際に選択肢のパーツを見本の図形にはめ込む作業をしてみてください。その作業で「はまらないパーツ」というのが、この問題で言う、「使わないパーツ」ということがわかります。そうすれば、次回ペーパー学習で類題を解く時に、理解しやすくなるでしょう。

【おすすめ問題集】
　Ｊｒ・ウォッチャー45「図形分割」、54「図形の構成」

問題35　分野：お話の記憶

〈準備〉　サインペン

〈問題〉　お話を聞いて、後の質問に答えてください。

いつもより早く起きたサルくん。今日はお友だちのウシくん、タヌキくん、イヌさん、クマさんと海へ魚釣りに行きます。サルくんのお母さんが「たくさん釣ってきてね！」と言うので、サルくんは「家族の分は釣ってくるよ！」と言いました。サルくんの家族はサルくんのお父さん、お母さん、妹の４人家族ですから、サルくんは釣る数の目標を「４匹」に決めました。家のピンポンが鳴りました。隣の家に住んでいるウシくんが「そろそろ行くよ！」と言うので、「行ってきます」と言い、家を出ました。集合場所のバス停にはすでにタヌキくんとイヌさんがいましたが、クマさんがまだ来ていません。乗るつもりだった赤色のバスを４人は見送りました。「クマさん、大丈夫かな？」とイヌさんが心配していたらちょうどクマさんが来ました。「ごめんなさい」と謝りましたが、理由を答えてくれません。タヌキくんが「何で理由を言わないの？」と少し怒ると、サルくんが「まあまあ、怒らないで。無事でよかったんだから」となだめました。５人は次に来た緑色のバスに乗って、海へ向かいました。だんだんと海が近づいてくる窓から見える景色にみんな見とれています。

海へ着きました。セミもミンミンと鳴いています。さっそく魚釣りが始まりました。サルくんは３匹。ウシくん、クマさんは４匹。タヌキくん、ウサギさんは２匹釣れました。サルくんは「４匹釣りたかったのに」と悲しそうな顔をしましたが、「はじめてで３匹も釣れたんだからすごいわ」とウサギさんが言ってくれました。と同時にぐ～と大きな音が鳴りました。それはタヌキくんのおなかが鳴った音でした。「お腹空いちゃった。どこか近くのレストランに行かない？」と言ったので、お昼ごはんの時間にしました。クマさんが「あのね……」と言い出したので、みんなクマさんに注目すると、カバンの中からみんなの分のサンドイッチを取り出しました。「どうしたの、これ」とサルくんが聞くと、「実は朝早起きして作ったの。でも、慣れてなくて作るのに時間がかかっちゃって。それで遅刻しちゃったの。ごめんね」と言いました。タヌキくんは「そんな、わざわざありがとう。ぼくもさっき怒っちゃってごめんなさい。あの時、すぐに言ってくれればよかったのに」と言いました。クマさんは「なんか照れくさかったから」と言い、クマさんとタヌキくんは握手して仲直りをしました。そしてレストランへ行くのをやめて、みんなでクマさんの手作りサンドイッチを食べました。

帰りはバスの中でみんな寝てしまいました。バス停でみんなと別れた後、サルくんはウシくんと家へ向かいました。「今日は楽しかったね」とサルくんが言うと、「そうだね。あ、そうだ」とウシくんが魚を１匹取り出し、サルくんに渡しました。「ぼくの家族は３人だから１匹余るのでサルくんにあげる！」と言って渡してくれました。「ありがとう！」とサルくんは大喜び。ウシくんとお別れをして、家に帰ってお母さんに元気よく「ただいま！」と言いました。

①サルくんの隣の家に住んでいるのは誰ですか。四角の中から選んで○をつけてください。
②このお話の季節はいつでしょうか。同じ季節のものを、四角の中から選んで○をつけてください。
③みんなは最初、何色のバスに乗りましたか。そのバスと同じ色のものを、四角の中から選んで○をつけてください。
④サルくんは魚を何匹釣ったでしょうか。その数だけ四角の中に○を書いてください。
⑤サンドイッチを作ってくれたのは誰でしたか。四角の中から選んで○をつけてください。

〈時間〉　各30秒

〈解答〉　①右から２番目（ウシ）　②右端（夏）　③右端（ピーマン）
④○：３　⑤左端（クマ）

学習のポイント

当校のお話の記憶の問題は、例年お話の長さが1000字を超えるだけでなく、登場人物、質問の数も多いのが特徴です。登場人物や質問が多ければ多いほど、記憶しなければならないことも増えてきます。この問題では、登場人物が釣った魚の数などがその例として挙げられるでしょう。サルくん、ウシくん、タヌキくん、イヌさん、クマさんそれぞれの釣った魚を頭の中で整理しないと、「誰が○匹釣った」と答えることが難しくなりますが、とはいえ、頭の中で整理する方法を工夫すれば少しは難しさは和らぎます。工夫の例として、日頃の読み聞かせの中で、お話の場面をイメージしながら聞くようにしてみましょう。そのために保護者の方は、読み聞かせの途中や終わりに、質問をしてください。お子さまは質問されることによって、お話をイメージして、内容を思い出そうとします。これを繰り返し行っていけば、お子さまがお話を聞き取る時に、イメージでお話の場面を整理でき、お話の内容も記憶しやすくなっていきます。

【おすすめ問題集】

1話5分の読み聞かせお話集①・②、お話の記憶 初級編・中級編・上級編、
Ｊｒ・ウォッチャー19「お話の記憶」

問題36　分野：数量（数える）

〈準 備〉　サインペン

〈問 題〉　絵を見てください。マスの中にさまざまな記号があります。このマスを列ごとに見てみると、それぞれの記号の数が同じ列があります。その列を見つけ出し、その列の矢印のところにある四角に○を書いてください。

〈時 間〉　各1分30秒

〈解 答〉　下記参照

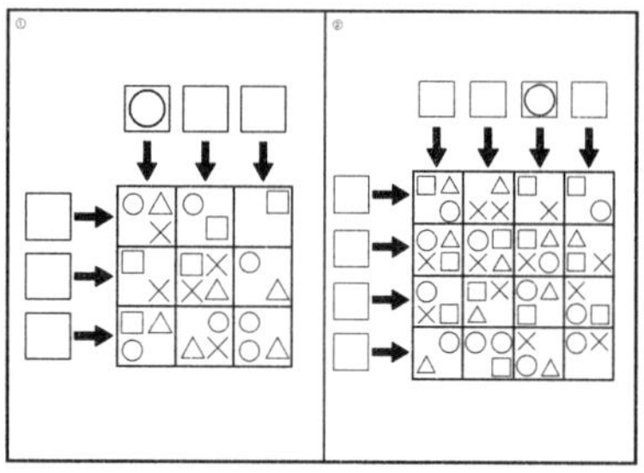

学習のポイント

この問題は一見、図形問題に見えますが、列ごとにマスを見ていき、それぞれの記号の数が同じならばその列の矢印の上（横）の四角に○をつけるという、数を「数える」ことを観ている、数量分野の問題と言えます。絵がマスになっているので、「列」という認識がしにくくなっていますが、①の横に３つ連なっている四角の左端で言うならば、矢印は左上、左中、左下のマスのことを指して、これを「列」としています。その列の中の記号の数がそれぞれ同じものならば○をつけるというのがこの問題です。この四角だと、左上のマスに「○、△、×」がそれぞれ１つ。左中は「□、×」が１つずつ。左下は「○、△、□」がそれぞれ１つ書かれています。このことからこの列の記号は「○、△、□、×」がそれぞれ２つあるので、この問題の答えはこの列ということがわかります。②も同様に解いていってください。この問題はほかの列の記号も目に入って、数えにくく間違えやすいです。ですから、列全体を漠然と見るのではなく、列ごとに記号を１つひとつ見ていきましょう。その際、「どの記号から数える」「上から下へ」「左から右へ」など見ていく順番を決めていくとなお、重複して数えたり、数え忘れたりするケアレスミスが少なくなります。

【おすすめ問題集】
Ｊｒ・ウォッチャー37「選んで数える」

問題37　分野：図形（推理思考）

〈準 備〉　サインペン

〈問 題〉　上の段の家を建てる時に真ん中に使うものはどれがよいでしょうか。

〈時 間〉　30秒

〈解 答〉　左端

学習のポイント

上の見本の家を見て、どの形のものを真ん中に使えばよいかを答える問題です。家を建てる時に「柱」があり、その役目を果たしているものを見つける問題ですが、この年齢のお子さまに「柱」と言っても伝わらないでしょう。ですから、まずはなぜその形のものを真ん中に使うのかを説明することが大切です。それを真ん中に使うことで、家全体が安定するということをお子さまに教えます。そうすると、お子さまは上部が尖っているものは、全体を安定させるのにはふさわしくなかったり、長さが足りないものだと「柱」の意味をなさないということを知ることができます。

【おすすめ問題集】
Ｊｒ・ウォッチャー16「積み木」、31「推理思考」

問題38　分野：運動

〈準備〉　平均台、鉄棒、フープ、ボール、雑巾

〈問題〉　**この問題は絵を参考にしてください。**
【サーキット運動】
①平均台を歩く。
②5秒間鉄棒にぶら下がる。
③ケンパーで進む。
④ボールを投げ上げて、落ちてくる間に1回拍手してキャッチする。
⑤雑巾がけをする。

〈時間〉　適宜

〈解答〉　省略

学習のポイント

運動の内容は、小学校入試でよく行われているものが多く、難しい課題ではないので、それほど特別な対策は必要ないでしょう。そもそも、身体的な能力を測ることが目的というわけではなく、ごく普通に運動ができれば問題はありません。それよりも、取り組む姿勢の方が重要と言えます。運動の得意なお子さまにとっては、これらの課題は簡単なものでしょう。だからと言って、適当にやったり、ふざけ半分でやったりすると、課題自体はできていたとしても確実に低い評価になります。逆に課題ができなかったとしても、一生懸命取り組んでいれば、マイナスの評価にはなりません。つまり、それぞれが全力を出しているかどうかが観られているということです。ただし、まったくできないとなると、何の対策もしてこなかったとみなされてしまうでしょう。例年、大きく課題が変わるわけではないので、学習の合間などに練習しておくようにしましょう。

【おすすめ問題集】
新 運動テスト問題集、Ｊｒ・ウォッチャー28「運動」

問題39　分野：制作・行動観察

〈準備〉　クーピーペン（12色）、画用紙、紙コップ、やわらかい積み木、ボール、フラフープ、竹馬、フリスビーなど

〈問題〉　**この問題の絵はありません。**
①白い画用紙にあなたがお誕生日に欲しいものの絵を描いてください。
②「どうぶつえんへいこう」の歌に合わせて、先生が動物園にいる生きものの名前を言ったら、その言葉の音の数のお友だちと手をつないで、グループを作ってください。
③紙コップでタワーを作ってください。
④やわらかい積み木、ボール、フラフープ、竹馬、フリスビーなどを使って、自由に遊んでください。先生が笛を吹いたら、遊びをやめて、片付けをしてください。

〈時間〉　適宜

〈解答〉　省略

学習のポイント

制作（絵画）→集団行動→自由遊びという流れの行動観察です。どんな課題かというところは、ほとんど関係ないと言ってよいでしょう。行動観察で観られているのは、お子さまのすべてです。ペーパーテストにおいては、ある程度の対策はできますが、集団の中での行動や自由遊びの時の態度などは、どうしてもお子さまの素の部分が出てしまいます。集団行動ができるのか、和を乱すことはないかなど、学校側は入学後の姿を想像しながらお子さまを観ています。その素の姿というのは、お子さまが育ってきた環境そのものなのです。これまでは、知識を中心とした「頭」が入学試験で観られるポイントでしたが、最近では口頭試問や行動観察などの「人」を観る試験も多くなっています。それは、お子さまを通して保護者を観ているということなのです。

【おすすめ問題集】

Ｊｒ・ウォッチャー24「絵画」、29「行動観察」

問題40　分野：親子面接

〈準備〉　なし

〈問題〉　この問題の絵はありません。

【父親へ】
・本校を選んだ理由をお聞かせください。
・本校のほかに併願校はございますか。
・どのような職業をされていますか。
・お子さまを褒めるのはどのような時ですか。
・お子さまにはどのように成長してほしいですか。
・入学後、学校行事に参加することはできますか。

【母親へ】
・お子さまは幼児教室へ通われていますか。もし通われているのならば、その幼児教室名を教えていただけますか。
・お子さまを叱るのはどのような時ですか。
・お子さまにはどのように成長してほしいですか。

【志願者へ】
・お名前を教えてください。
・誕生日、年齢、住所、電話番号を教えてください。
・幼稚園（こども園など）の担任の先生のお名前を教えてください。
・幼稚園（こども園など）ではよく何をして遊びますか。
・ご両親とはお休みの日、何をして遊びますか。
・ご両親のどちらが怒ると怖いですか。
・将来、何になりたいですか。

〈時間〉　15分程度

〈解答〉　省略

学習のポイント

当校の面接は、面接官が２名。時間は約15分です。内容自体は特に変わったことが聞かれることはなく、志望理由や休日にどのように過ごすか、というような一般的に面接で聞かれることがほとんどです。ですから、過去問題を見て、どのような質問をされるのかという程度の対策をとって臨めば問題はありません。その際、お互いの教育観を確認するようにしてください。答えがそれぞれの親で違っていると、しっかりと教育に対して話し合いがされていない家庭だと評価されかねません。

【おすすめ問題集】

新 小学校受験の入試面接Ｑ＆Ａ、家庭で行う面接テスト問題集、
保護者のための面接最強マニュアル

2024 年度 西武学園文理小学校 過去 無断複製／転載を禁ずる 日本学習図書株式会社

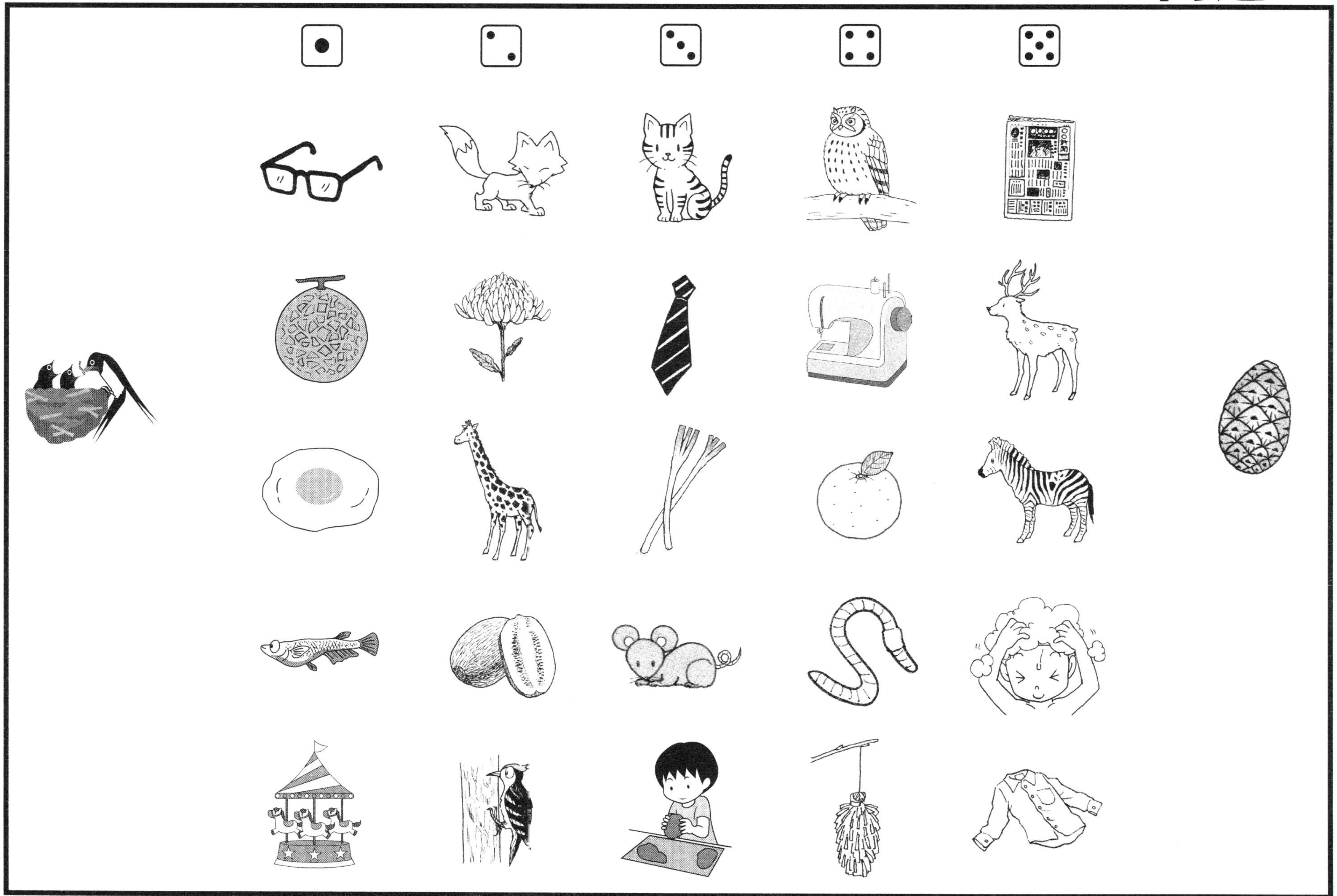

問題2

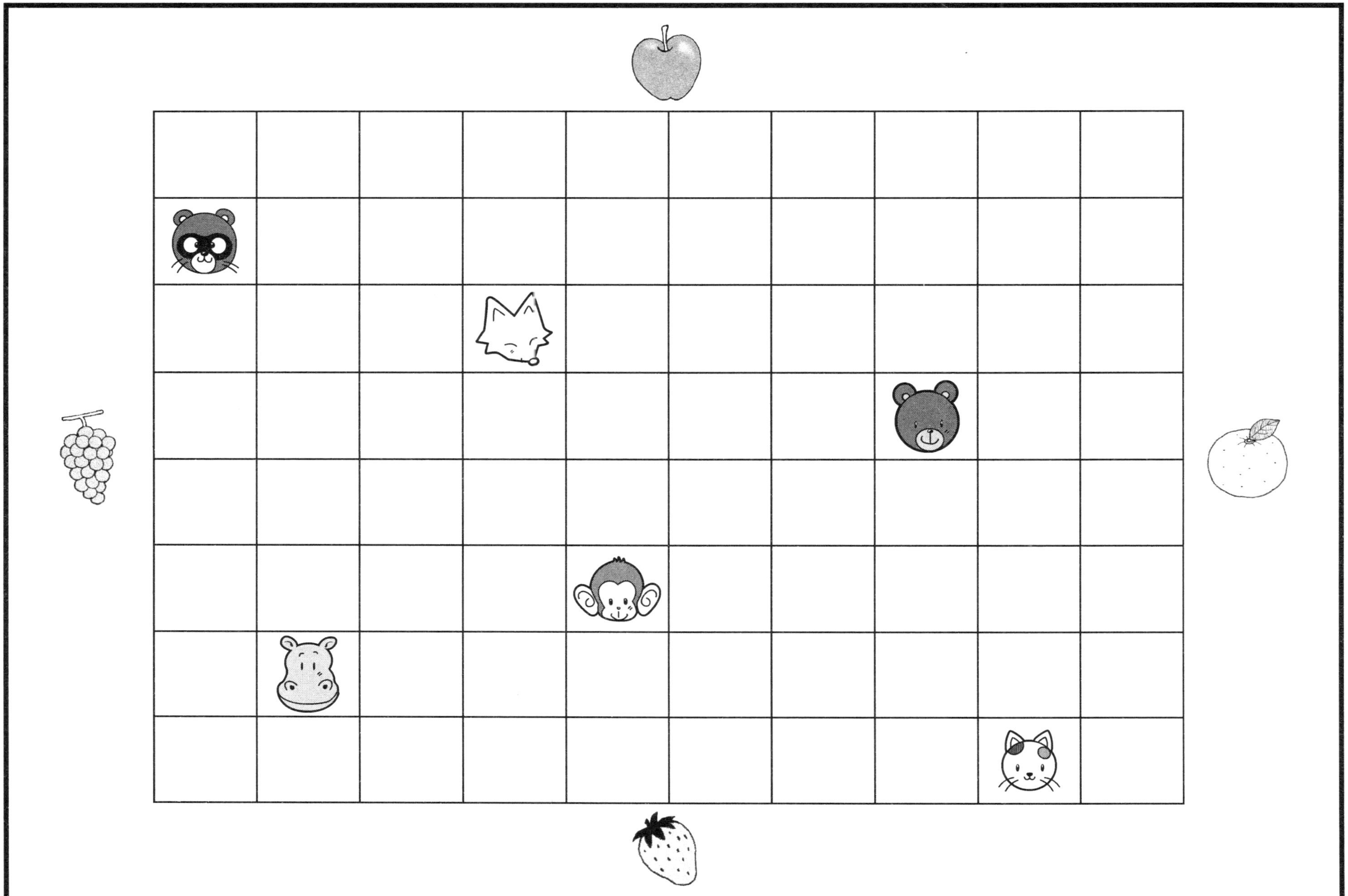

日本学習図書株式会社

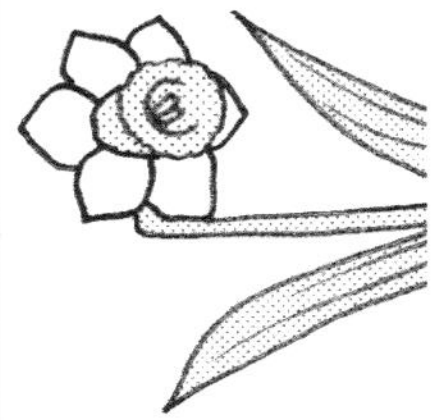

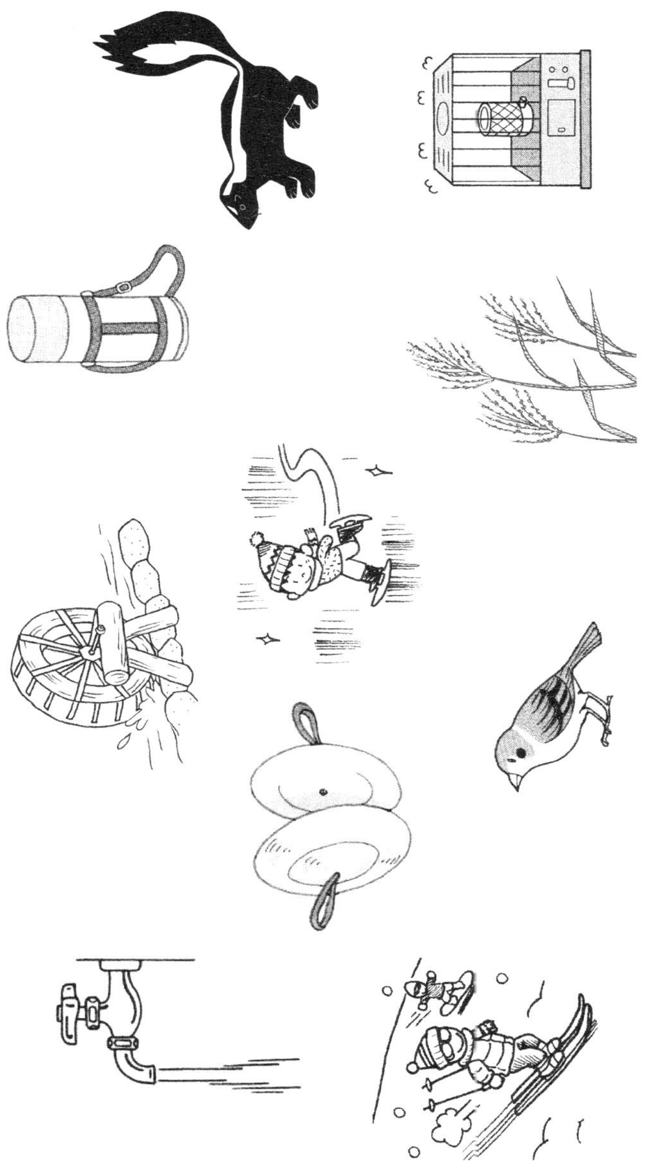

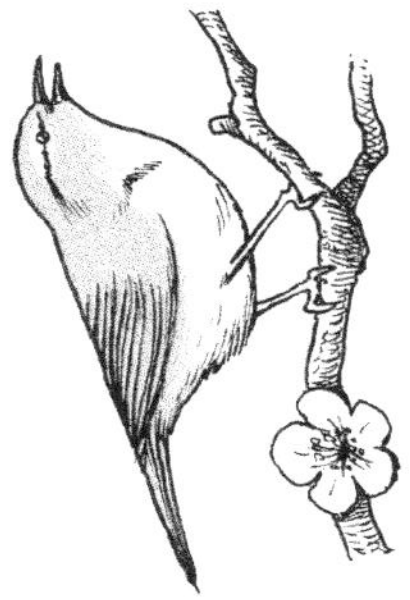

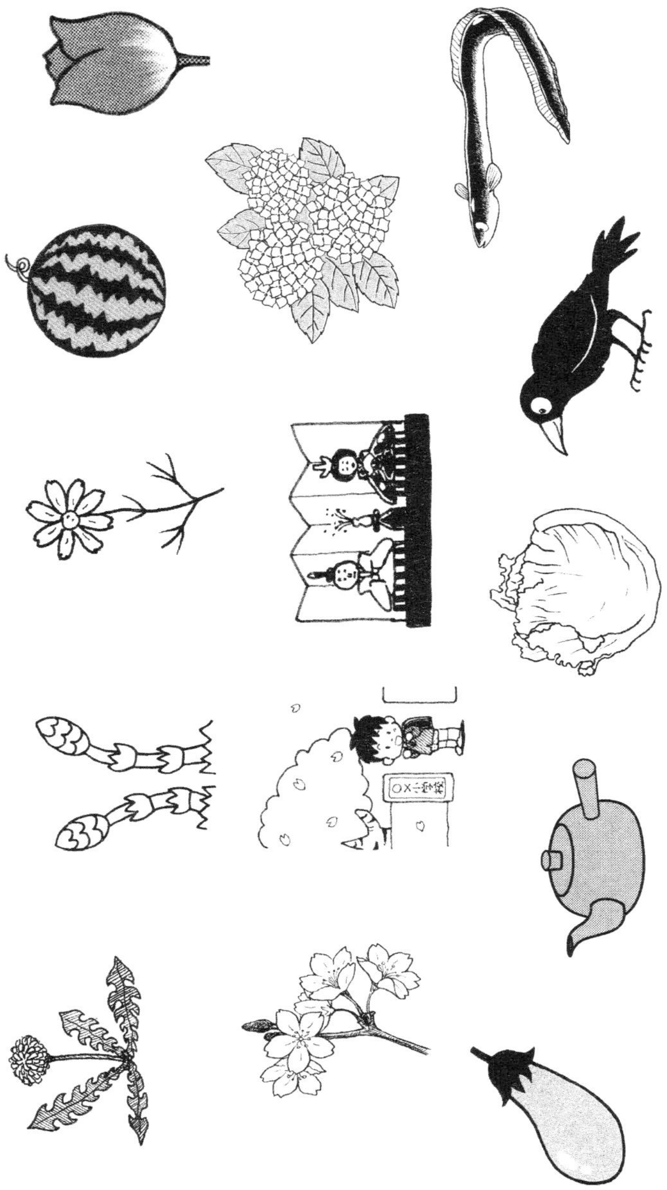

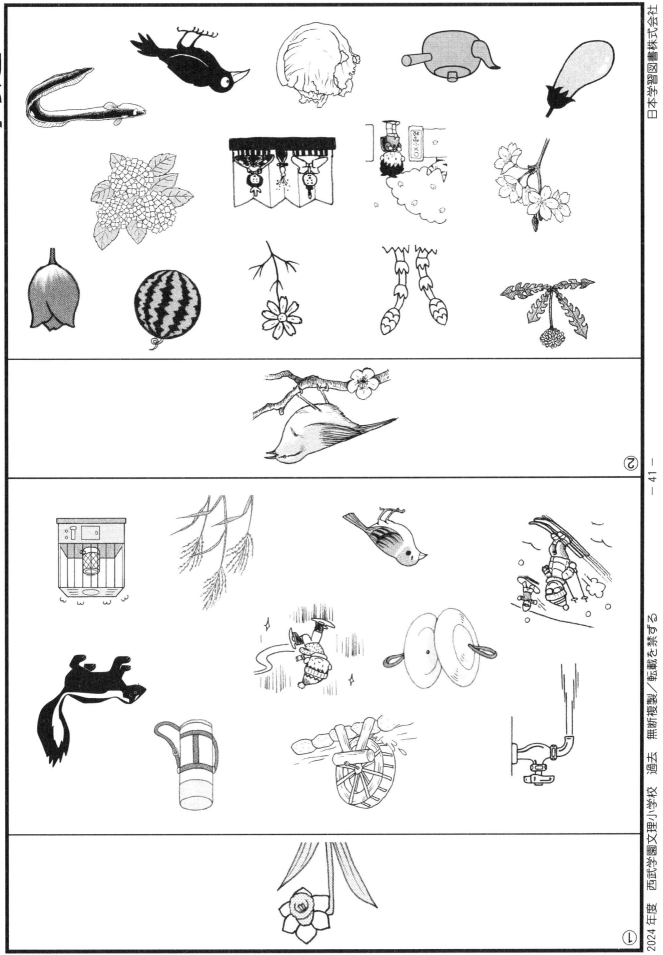

問題 4

⑤

⑥

①

②

③

④

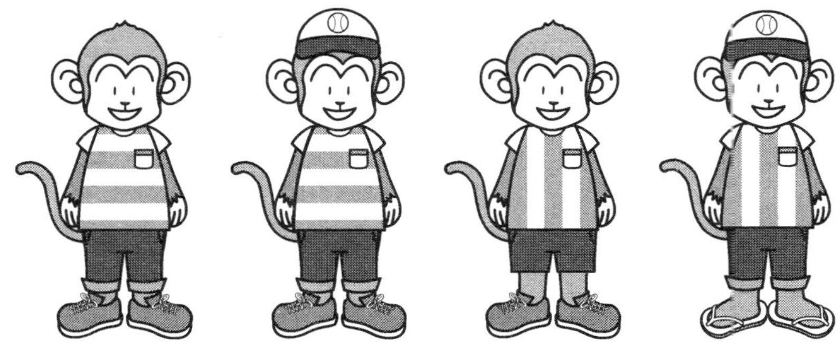

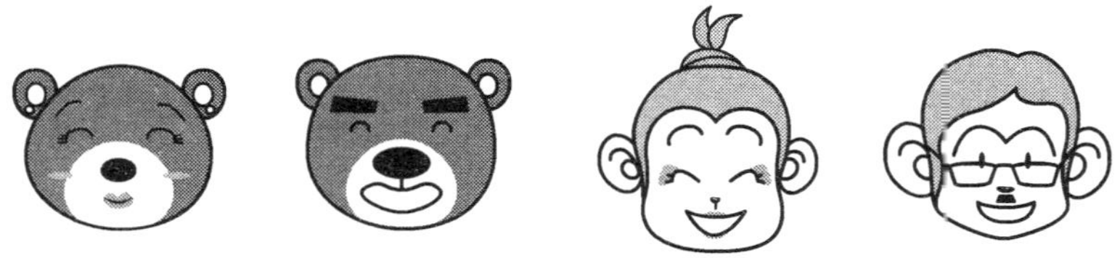

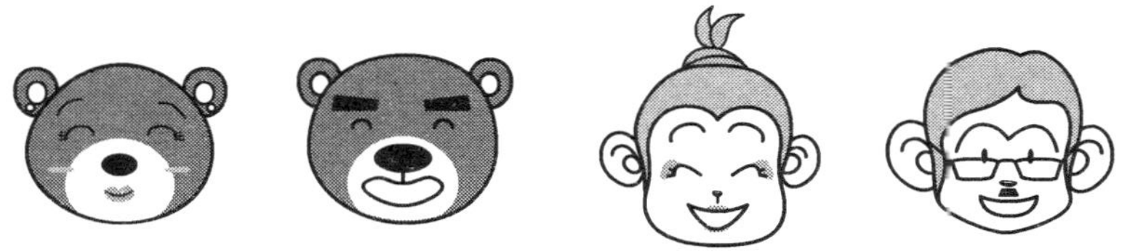

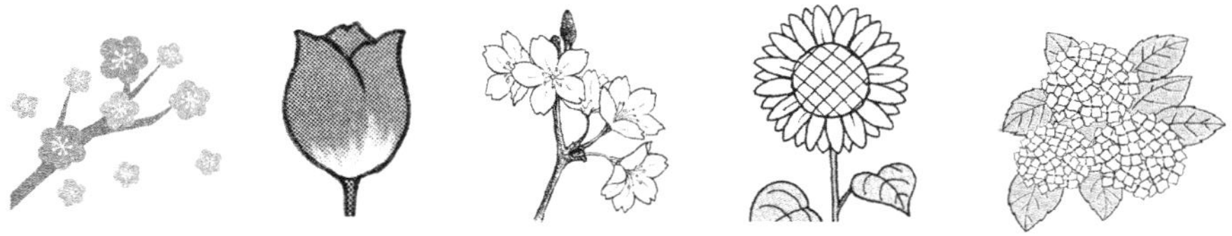

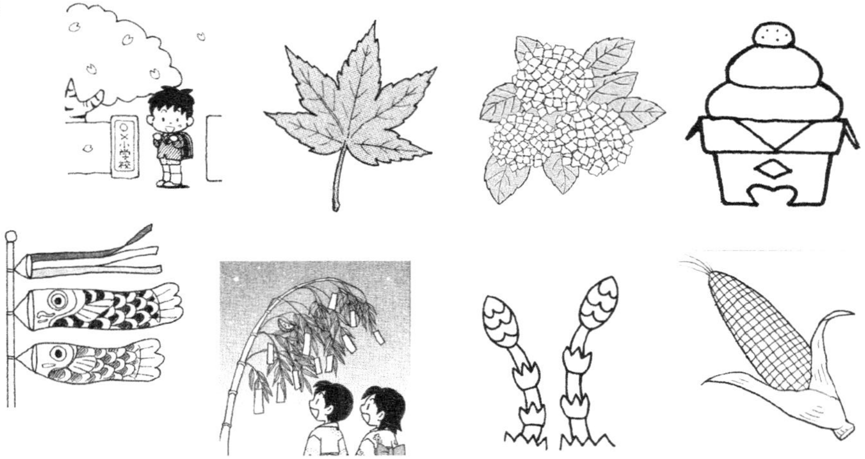

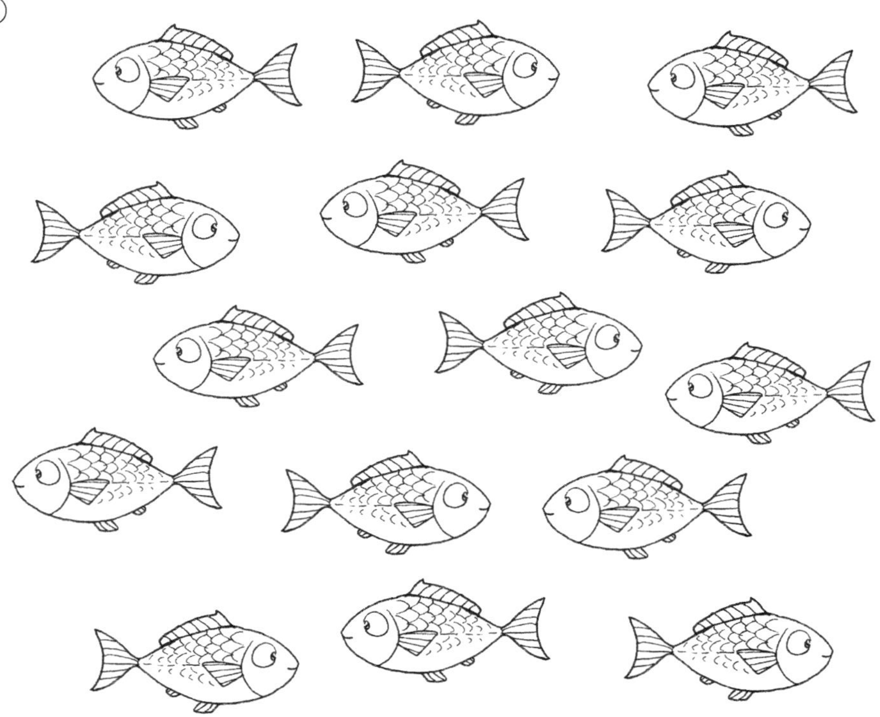

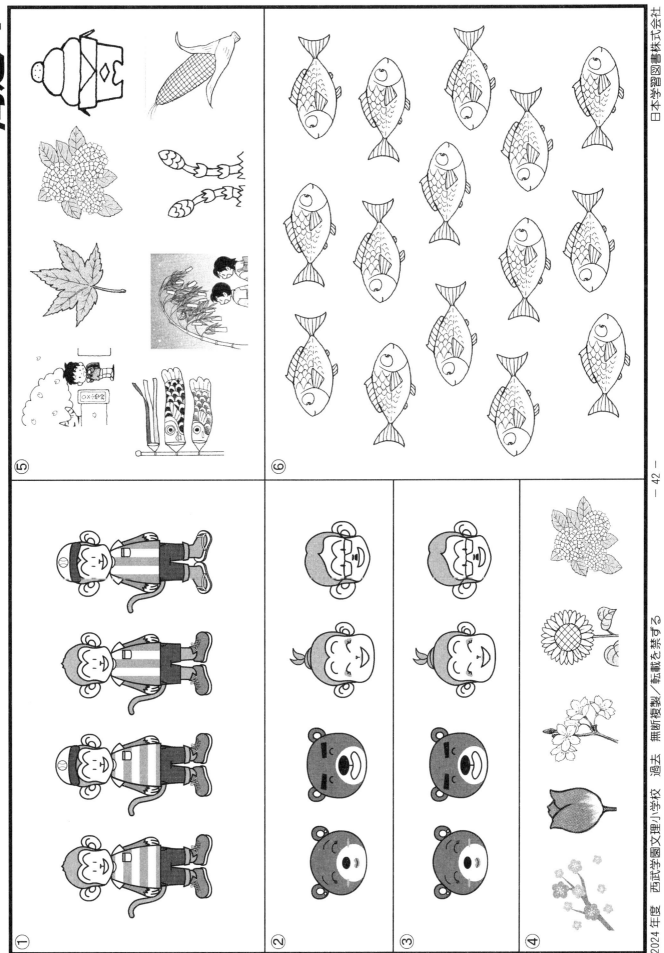

問題5

①

②

問題6－1

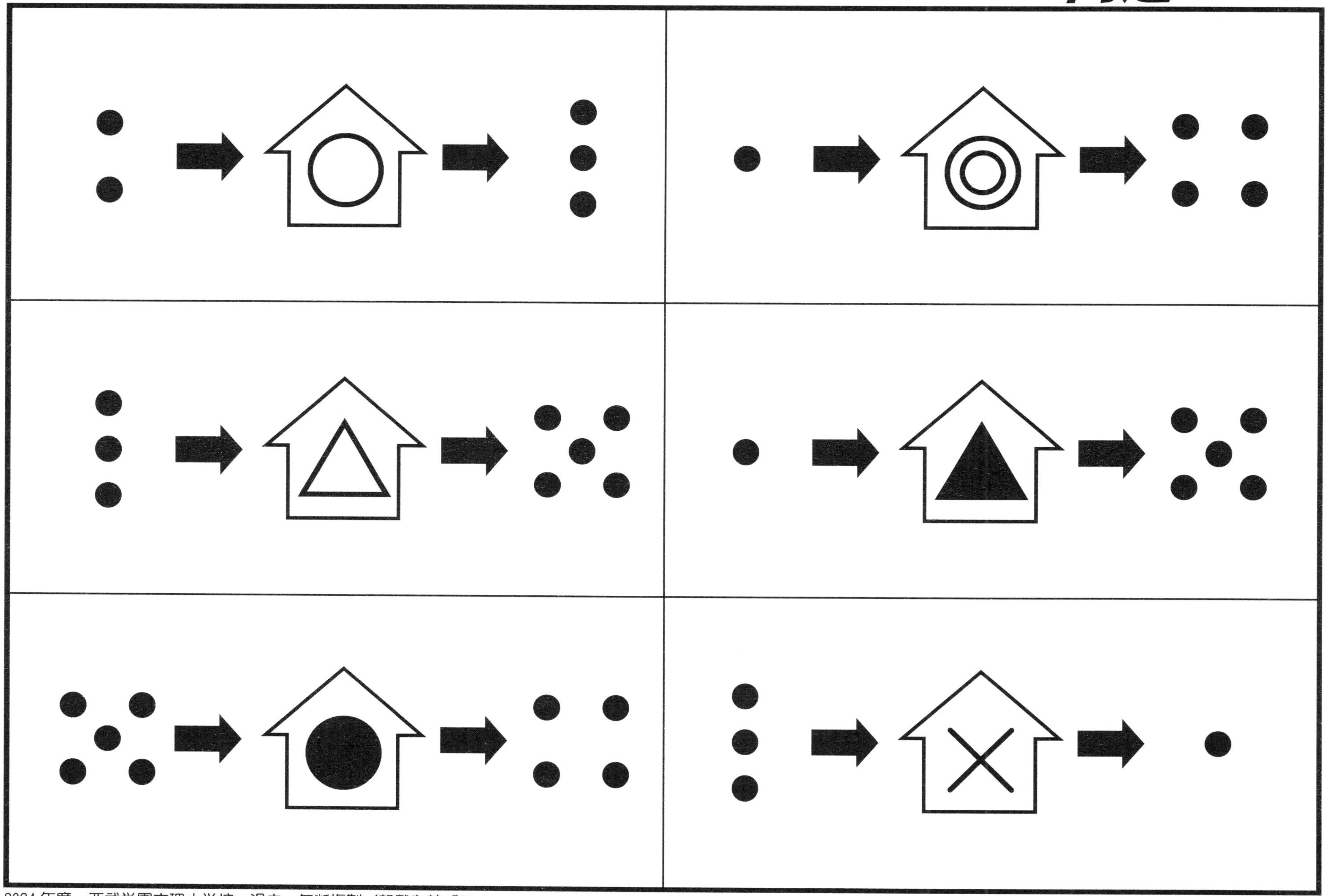

2024 年度　西武学園文理小学校　過去　無断複製／転載を禁ずる　日本学習図書株式会社

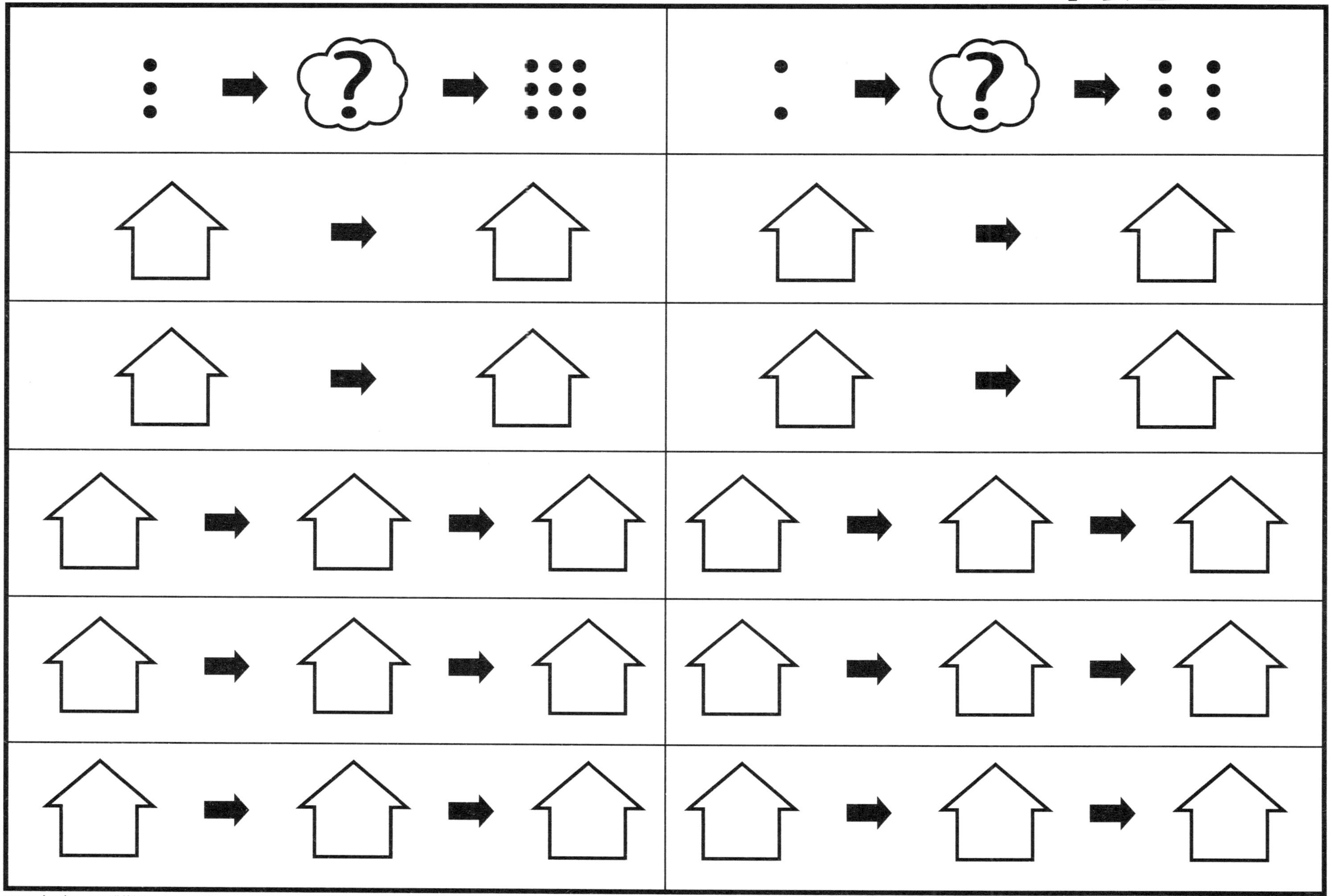

問題7

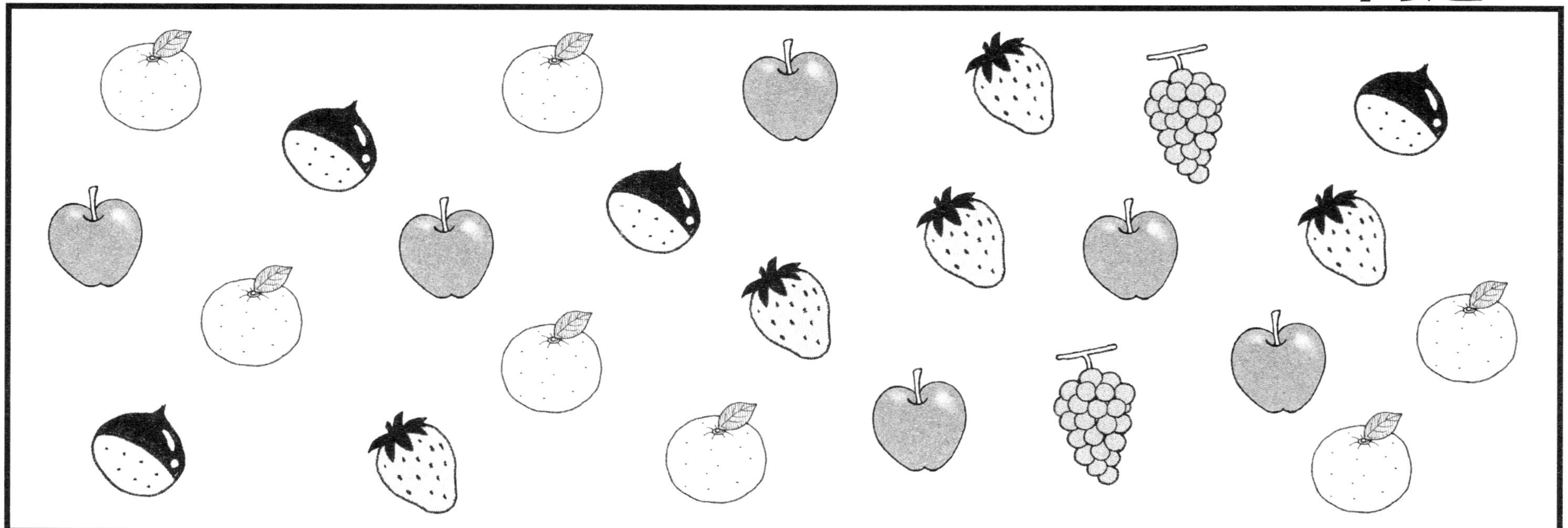

①
②
③
④
⑤
⑥

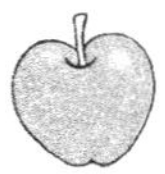

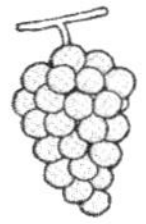

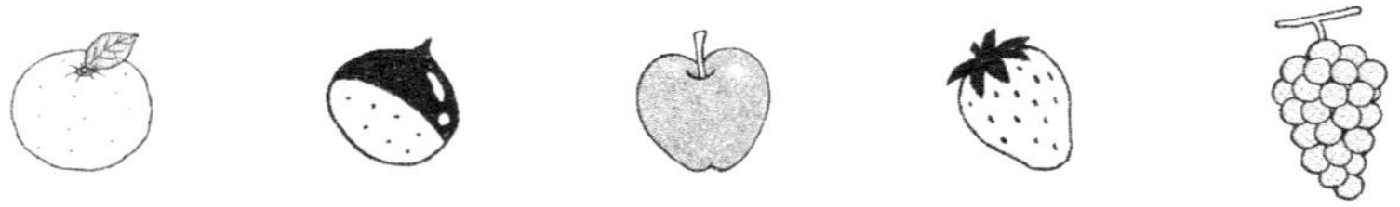

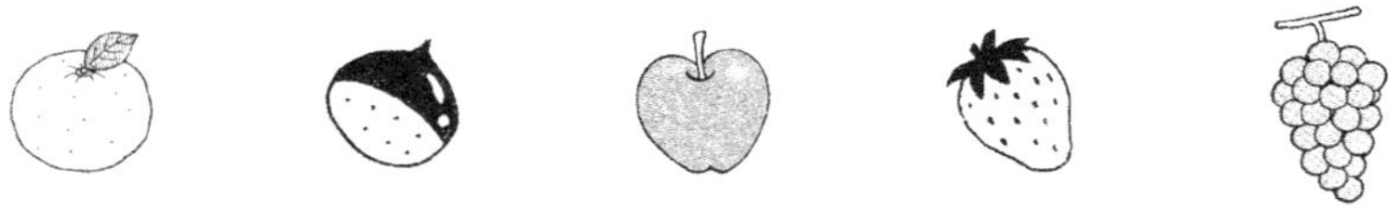

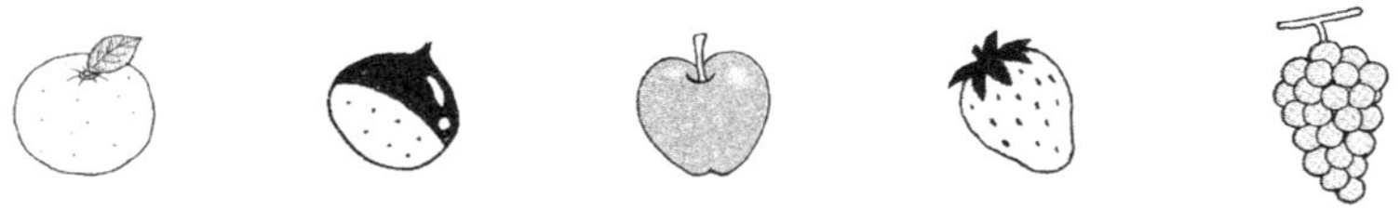

2024 年度　西武学園文理小学校　過去　無断複製／転載を禁ずる　日本学習図書株式会社

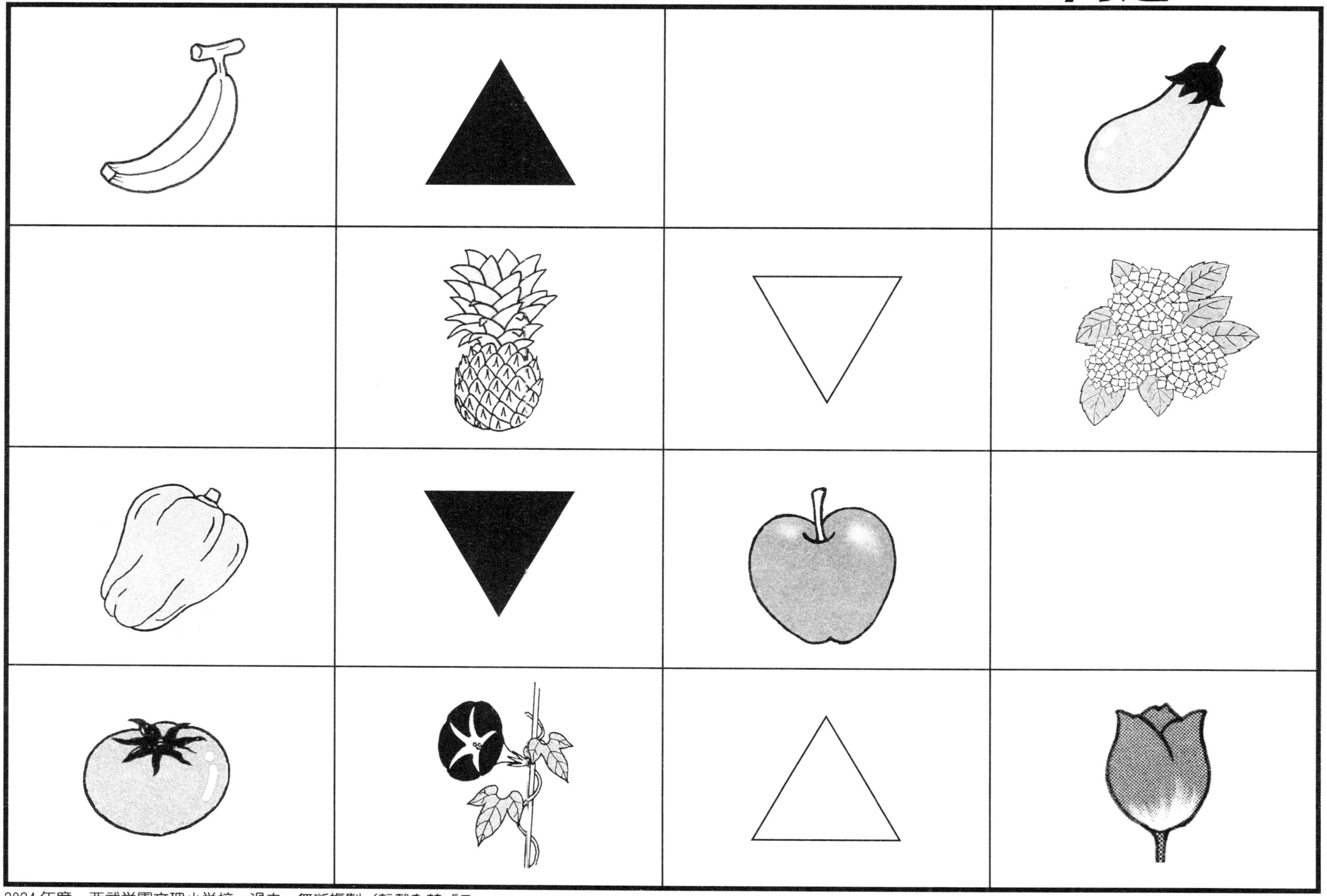

①

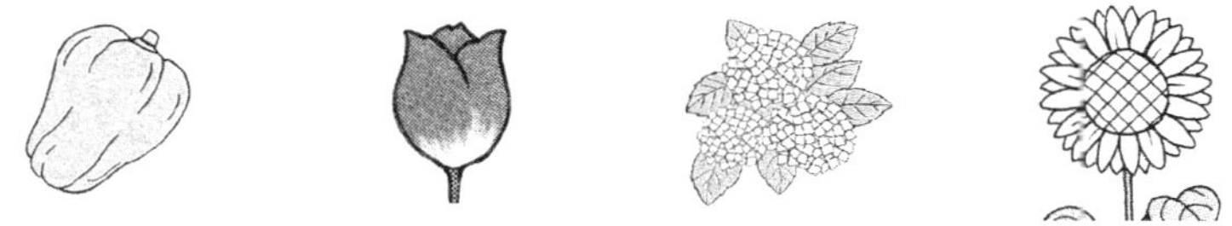

②

③

④

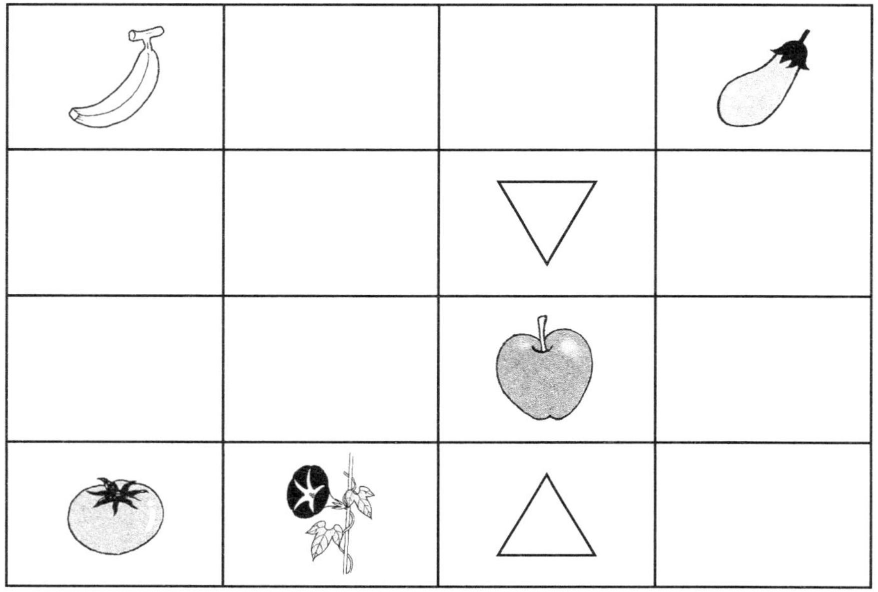

⑤

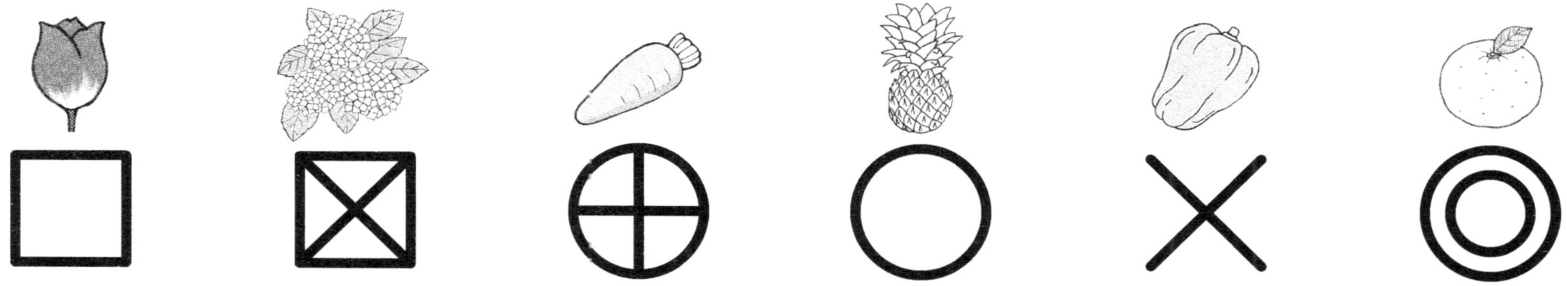

2024 年度　西武学園文理小学校　過去　無断複製／転載を禁ずる　　　　日本学習図書株式会社

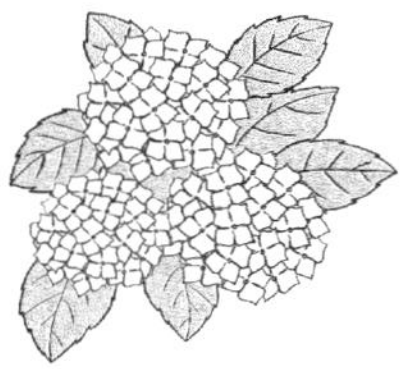

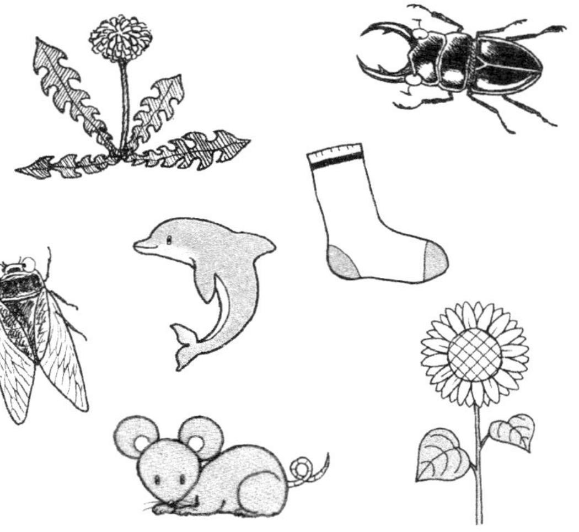

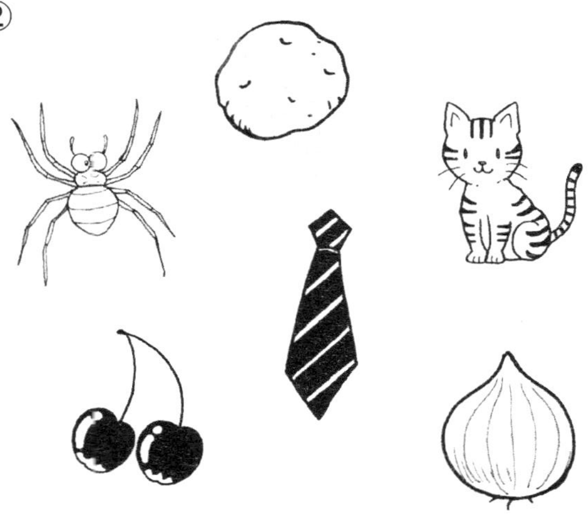

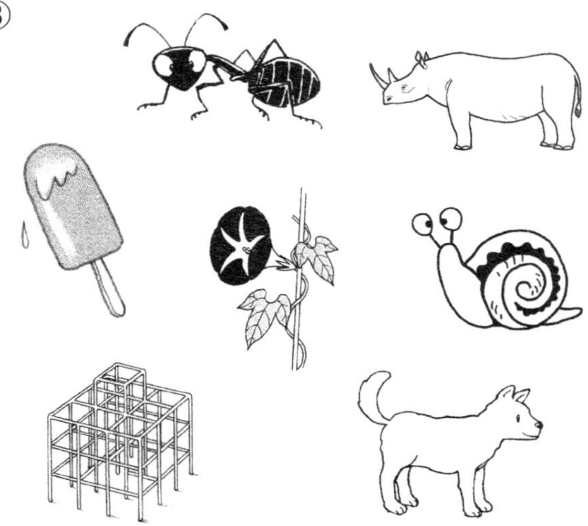

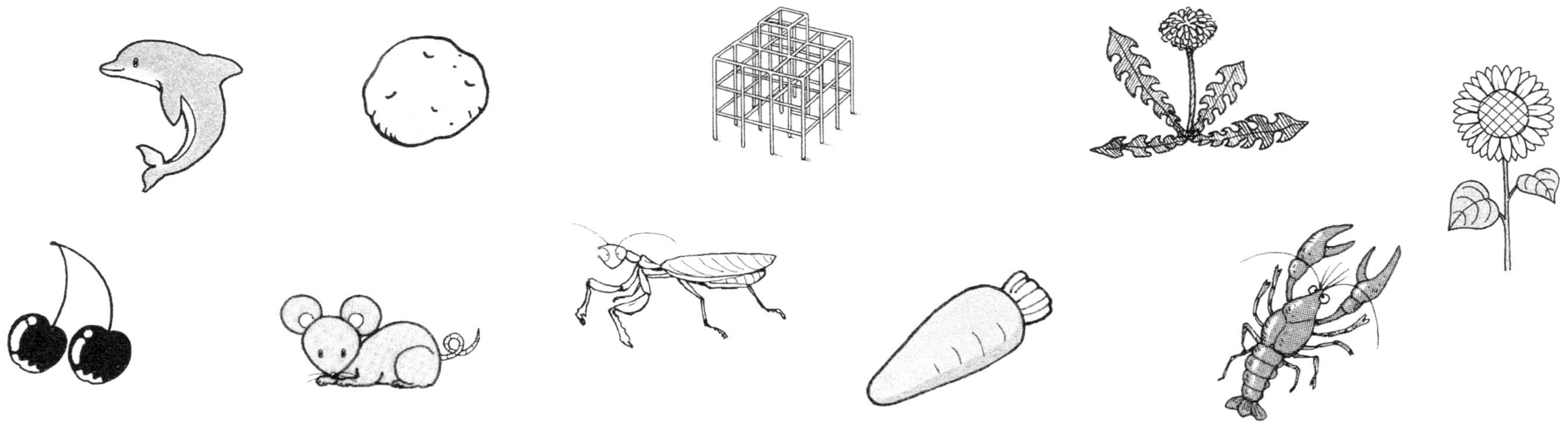

① ② ③

2024 年度　西武学園文理小学校　過去　無断複製／転載を禁ずる　　　　日本学習図書株式会社

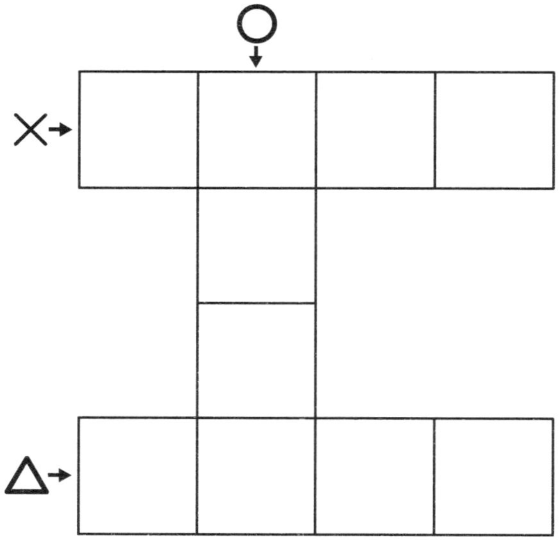

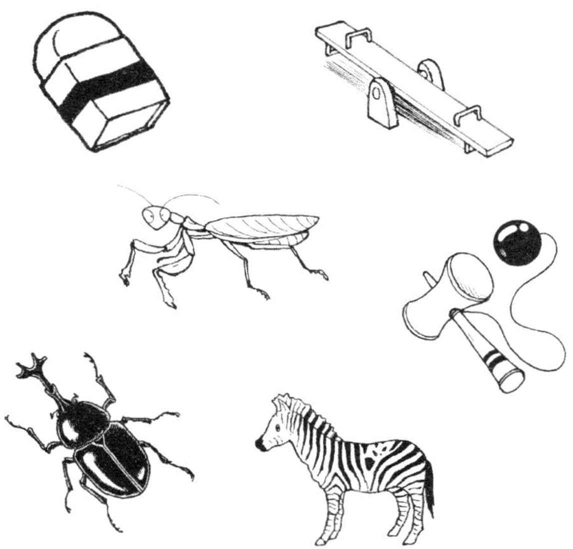

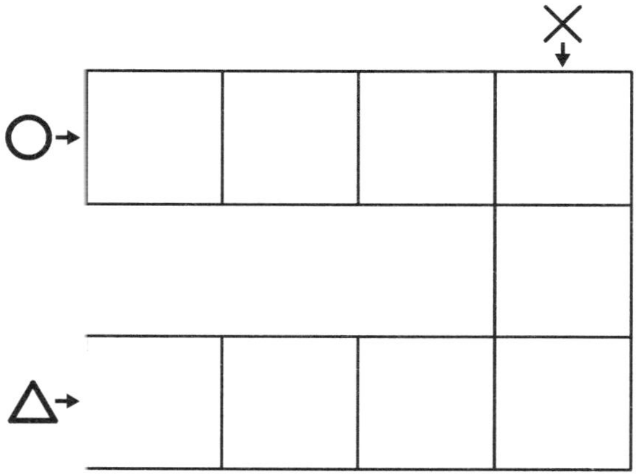

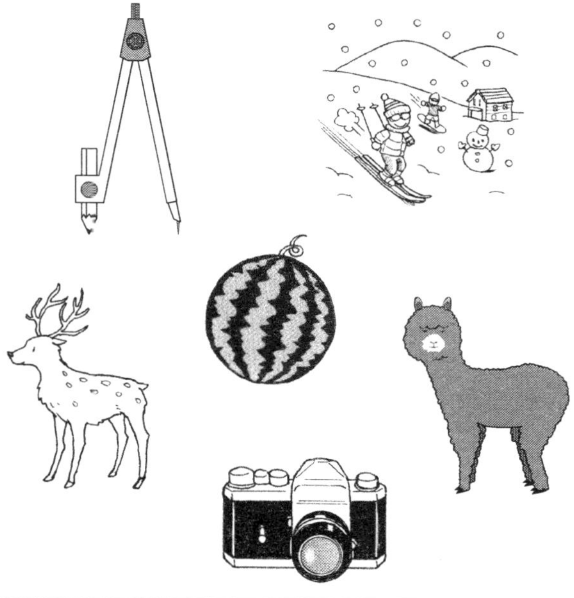

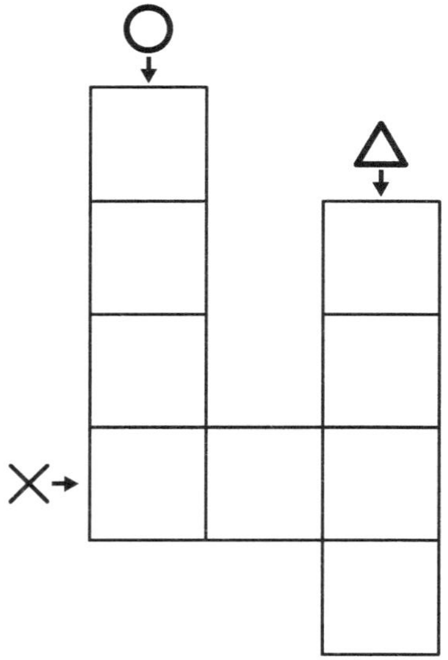

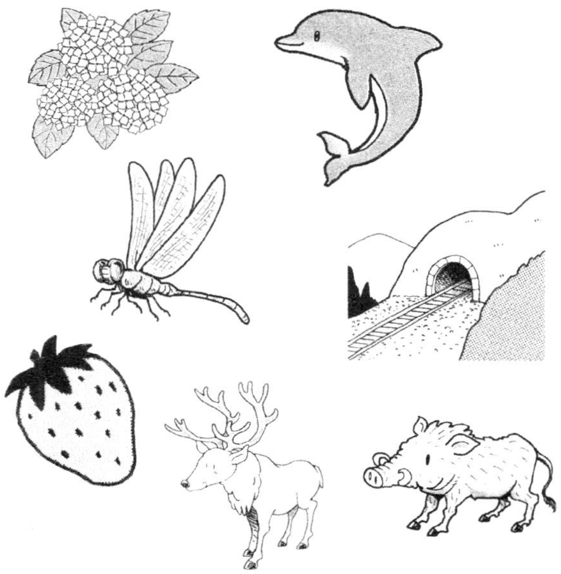

問題１０－２

④

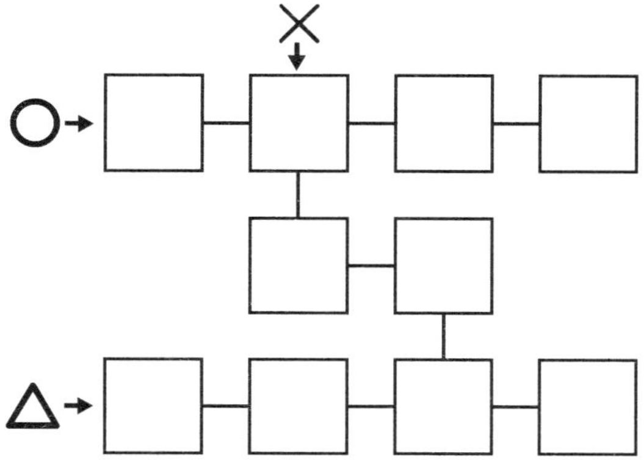

⑤

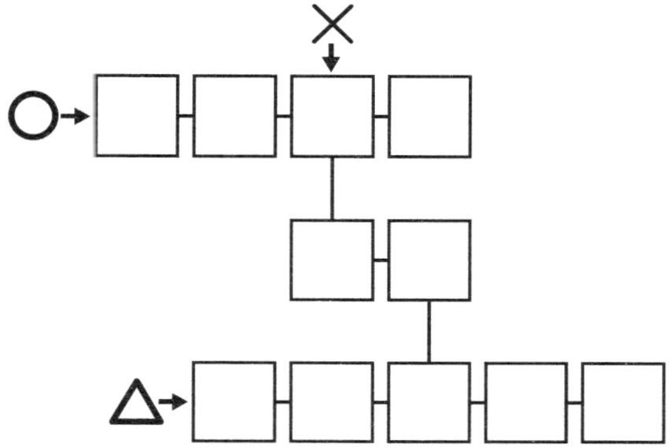

⑥

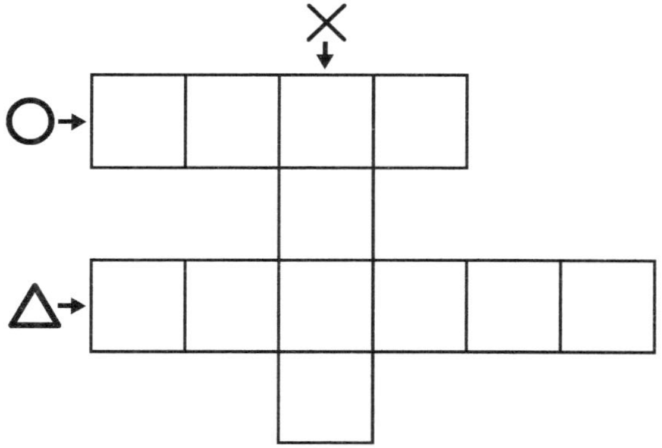

日本学習図書株式会社

日本学習図書株式会社

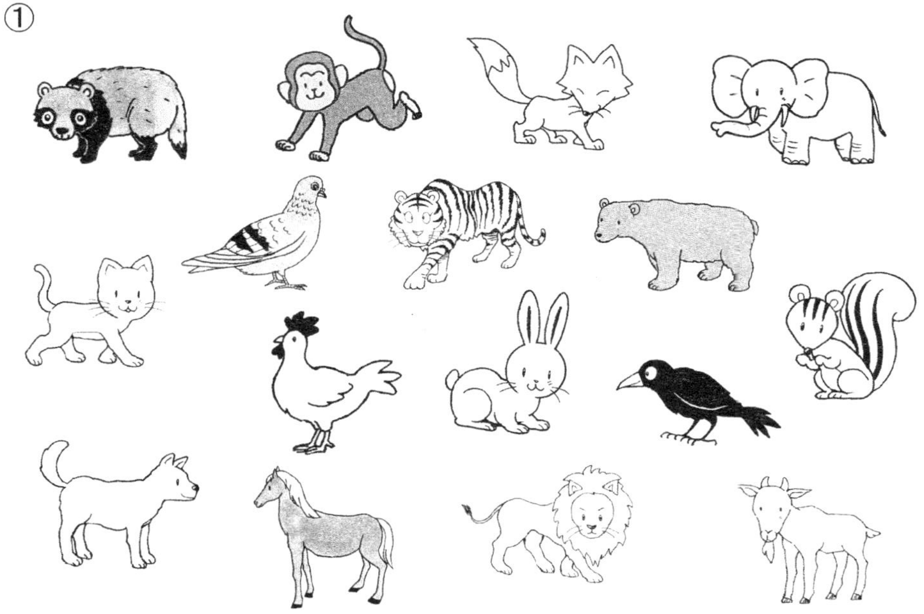

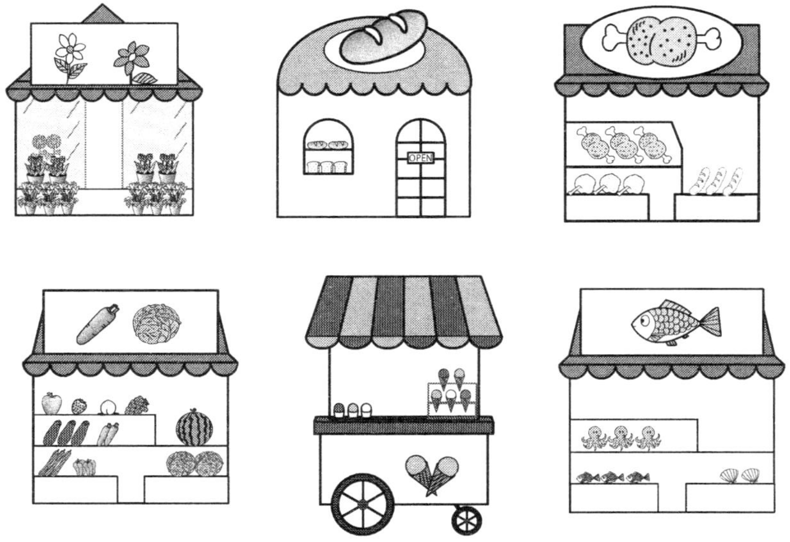

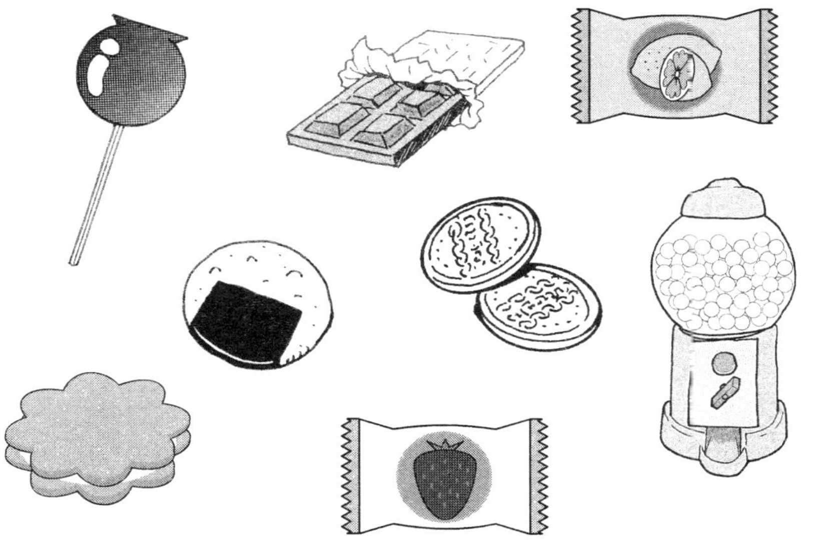

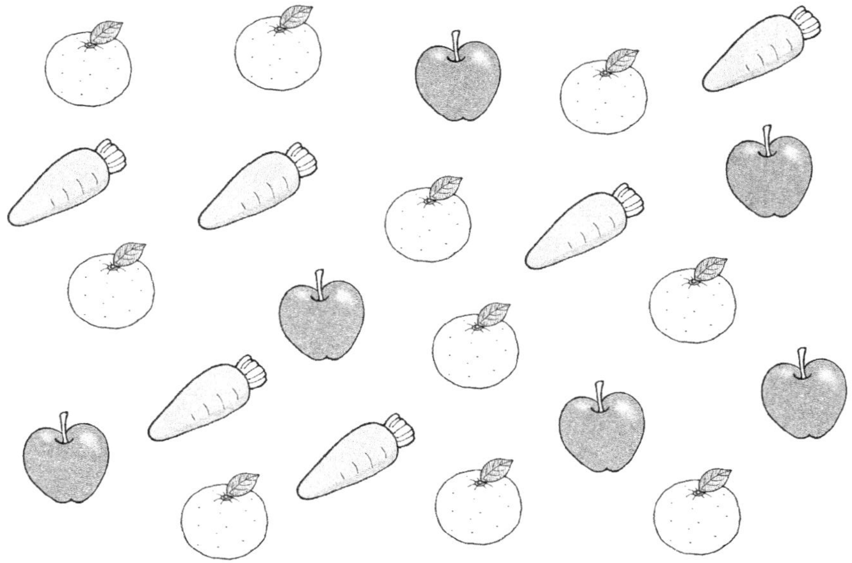

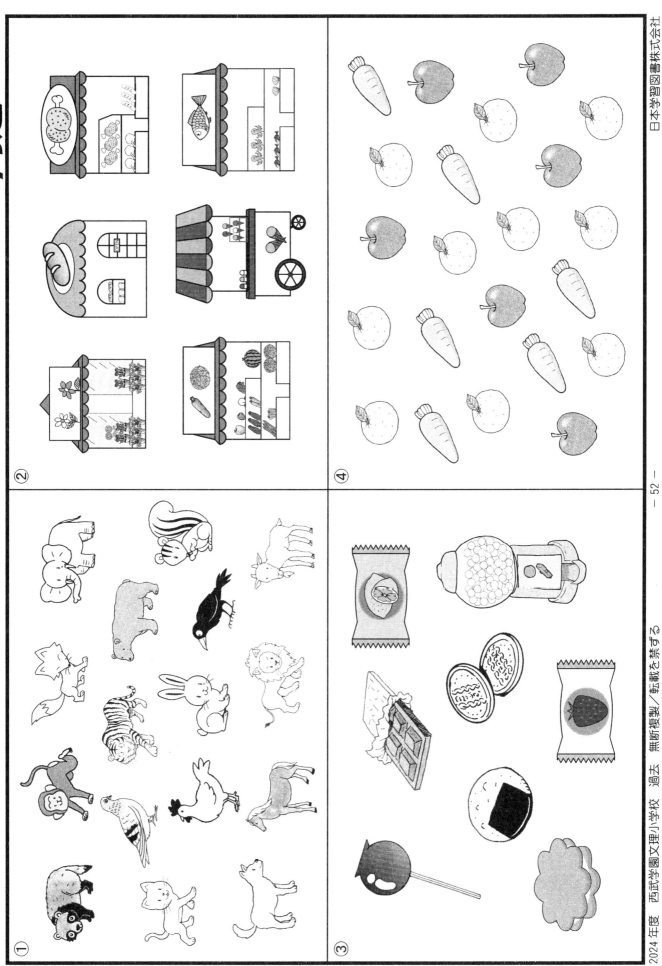

問題12

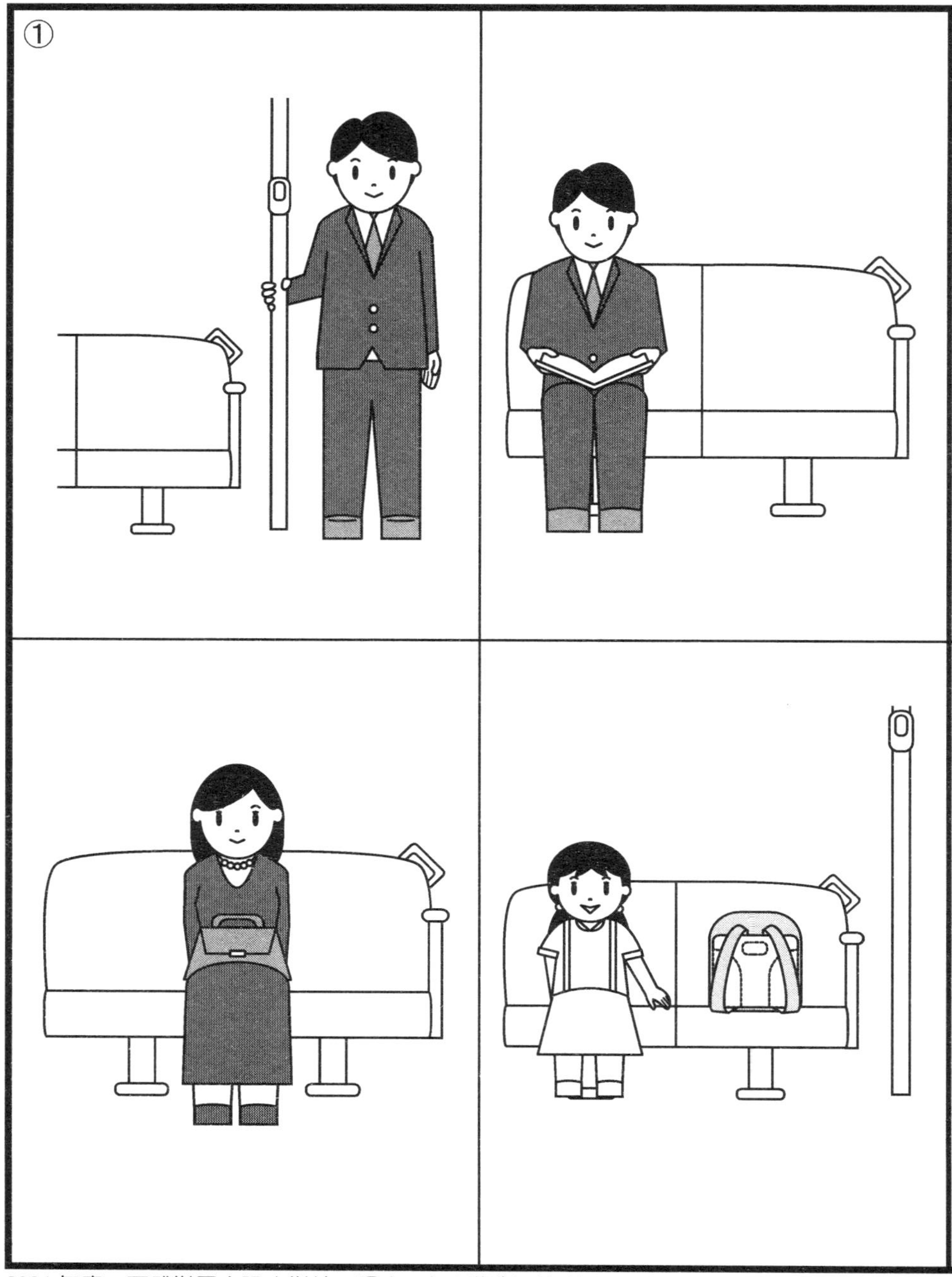

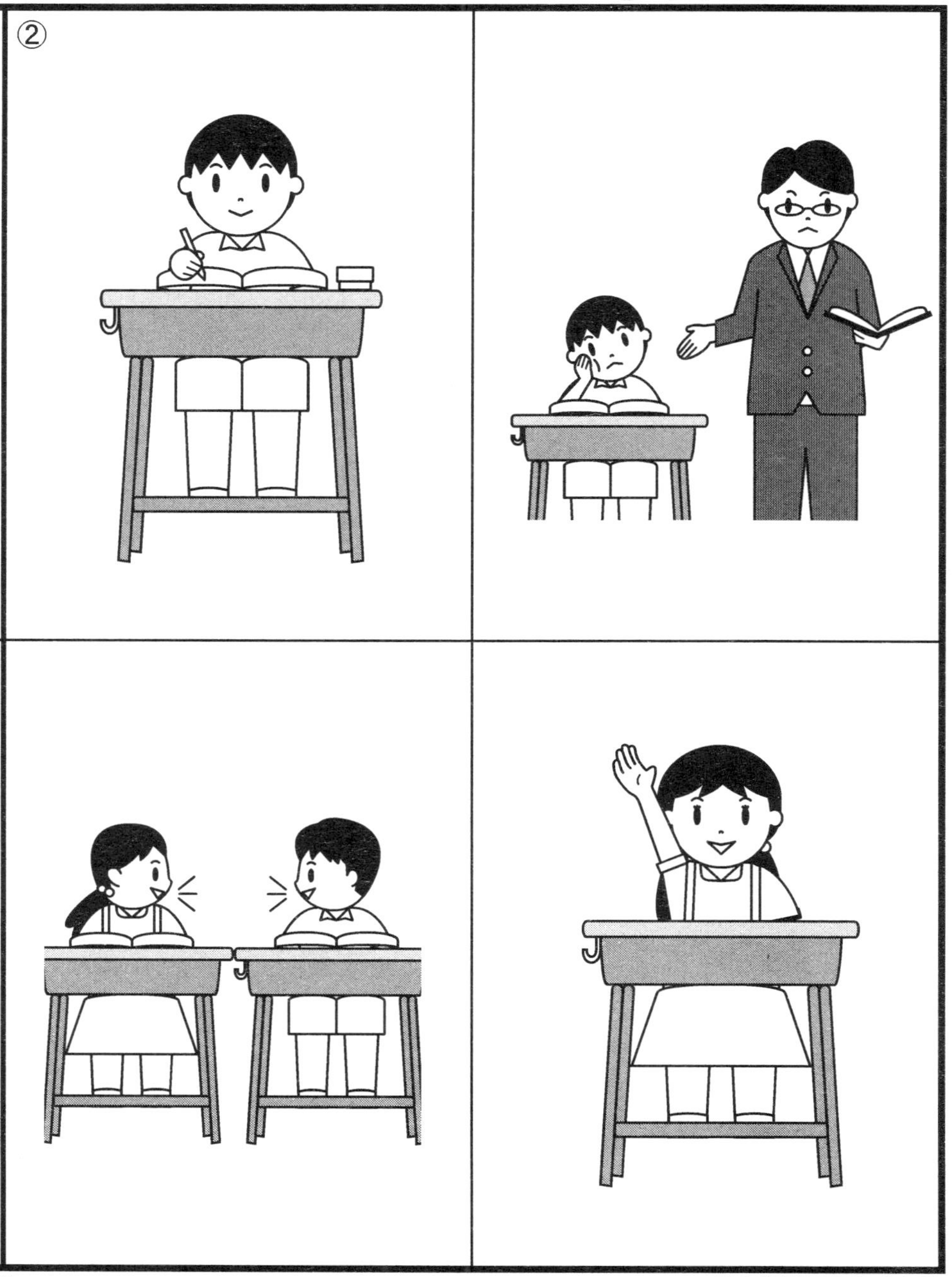

問題13

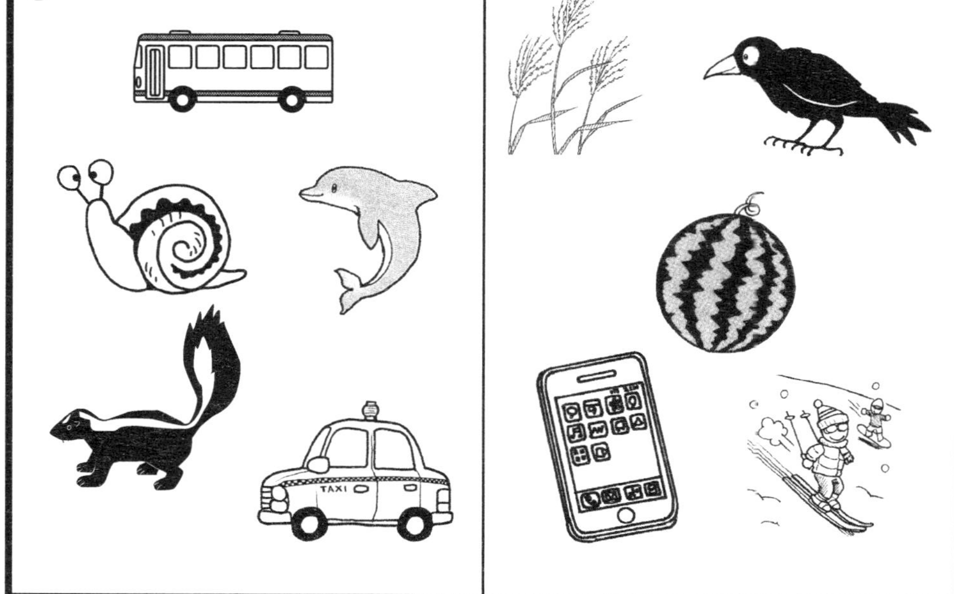

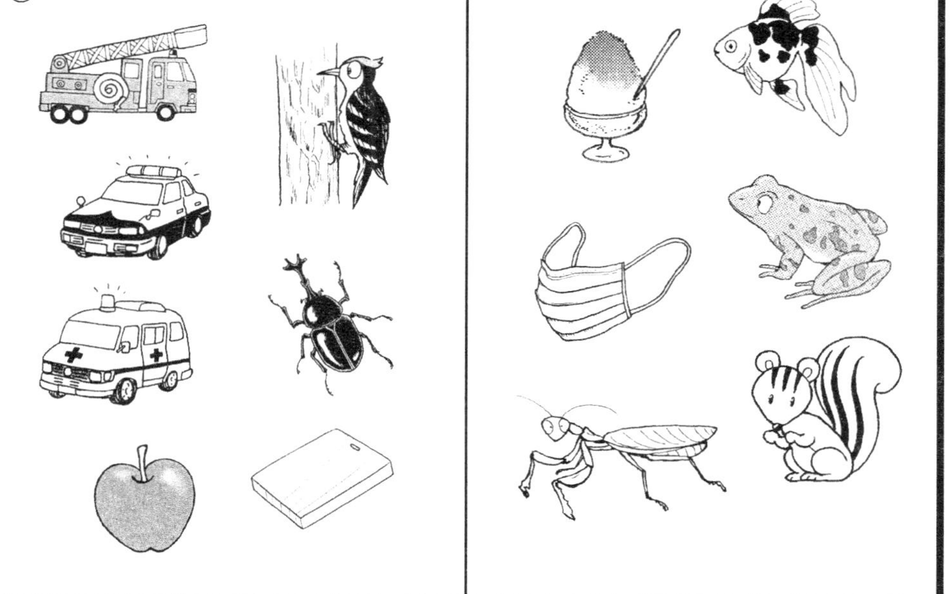

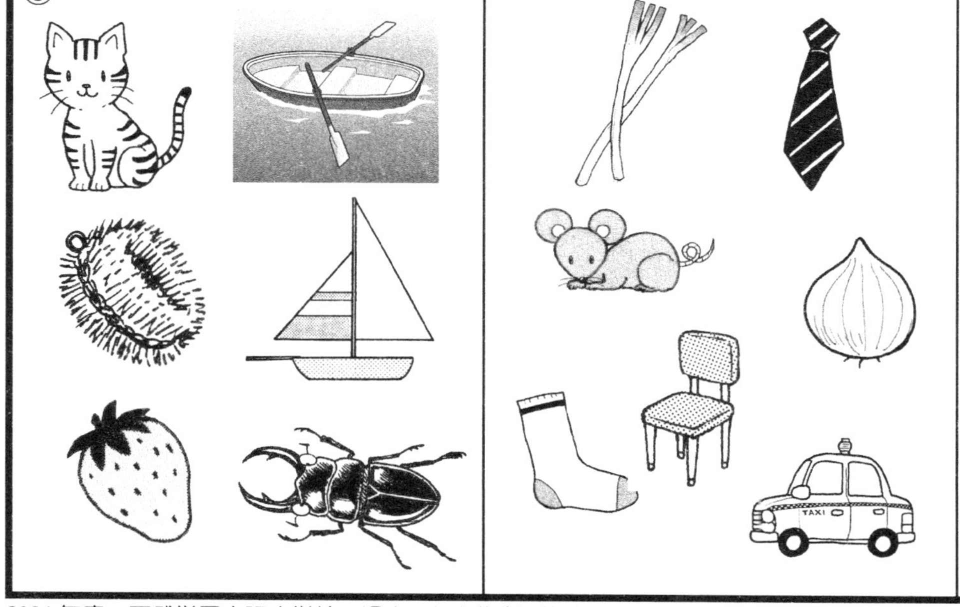

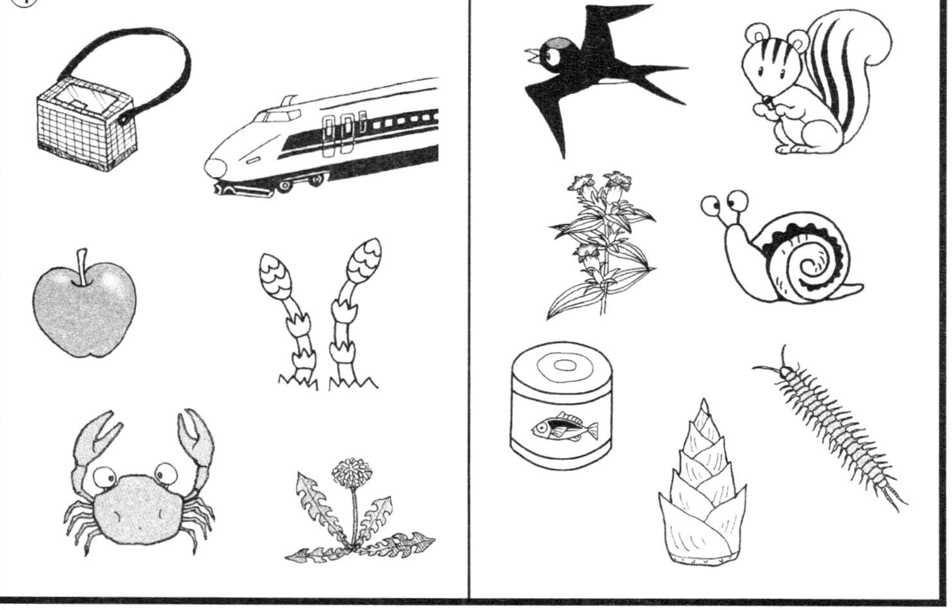

2024年度　西武学園文理小学校　過去　無断複製／転載を禁ずる　日本学習図書株式会社

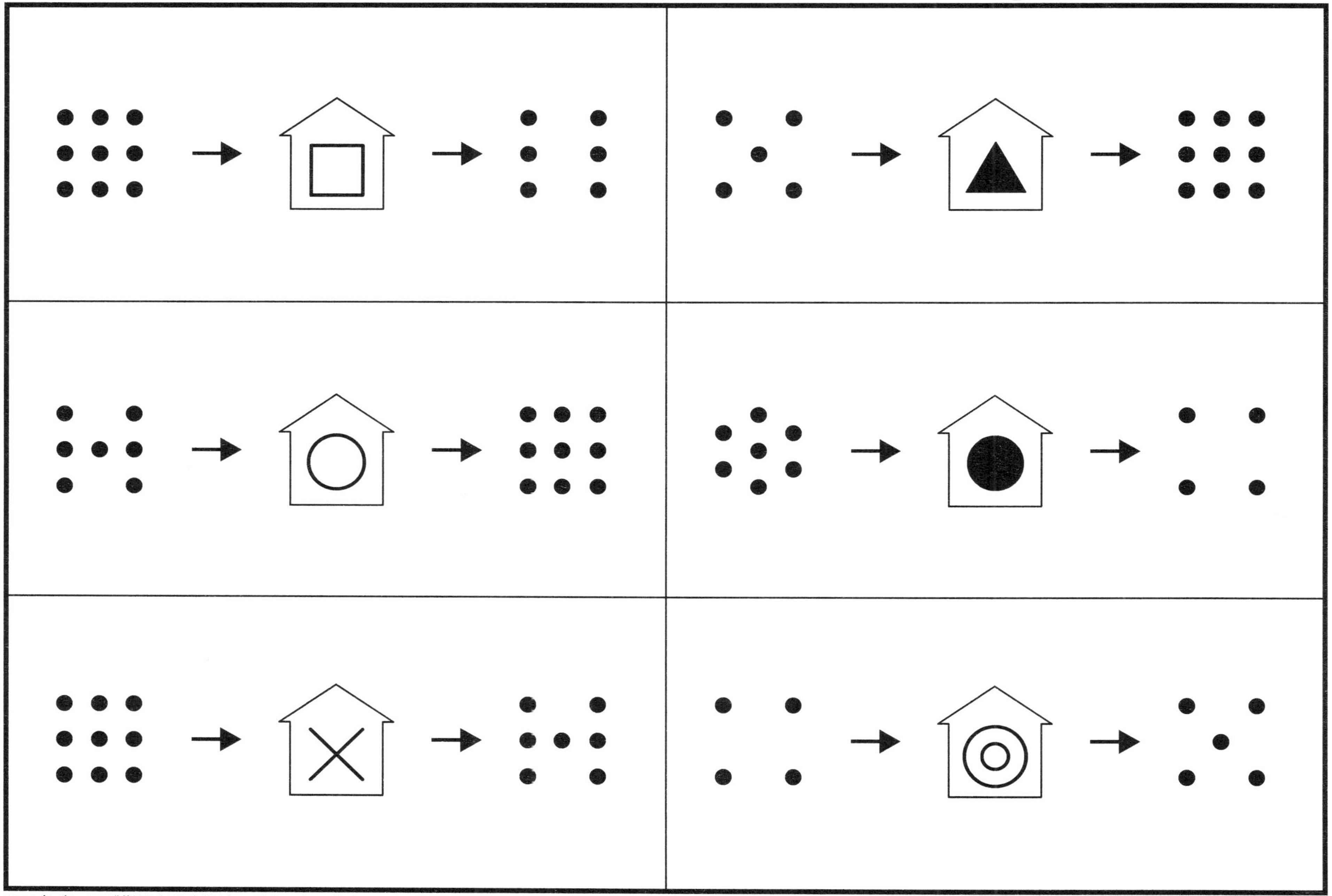

2024 年度　西武学園文理小学校　過去　無断複製／転載を禁ずる　　日本学習図書株式会社

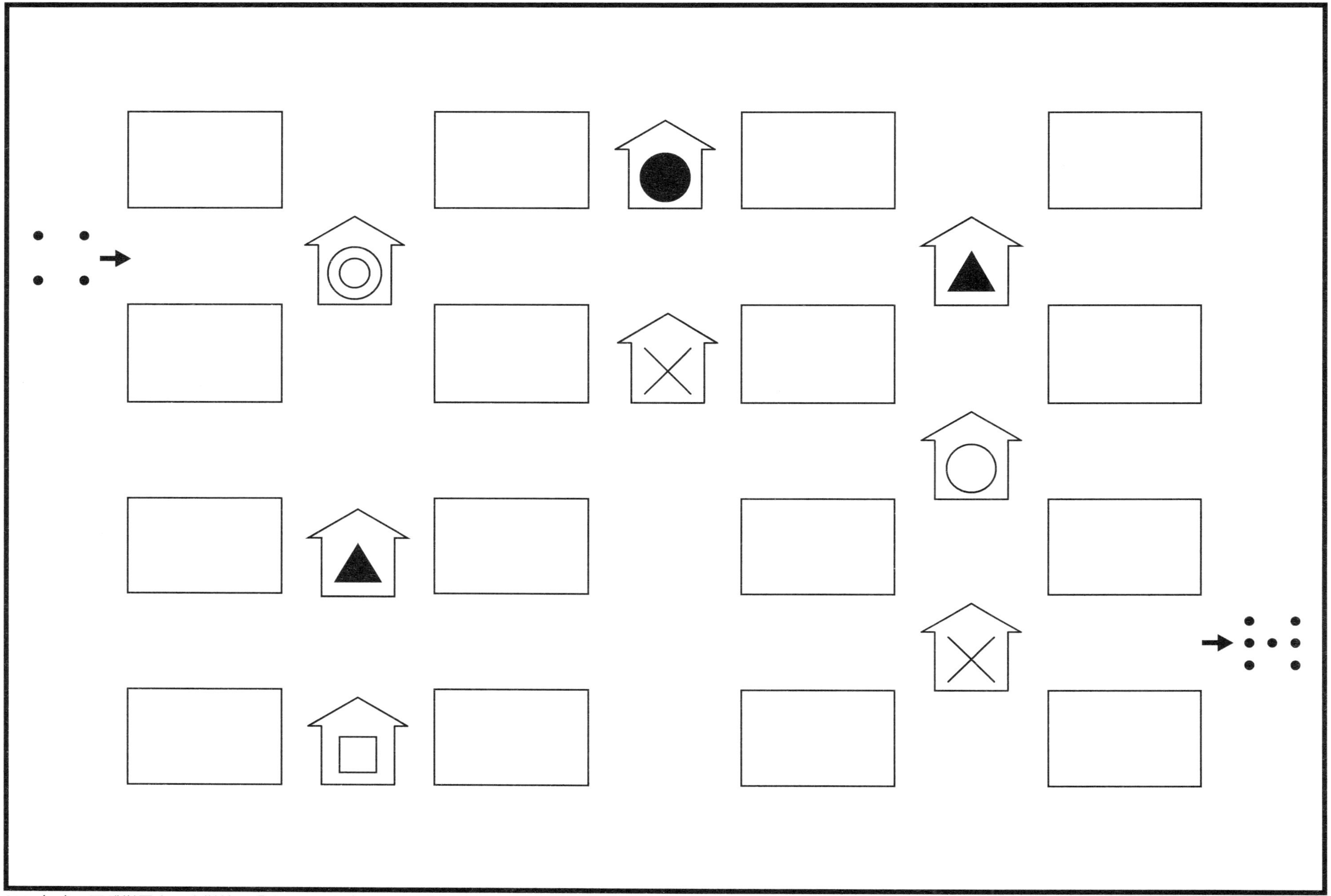

問題15

日本学習図書株式会社

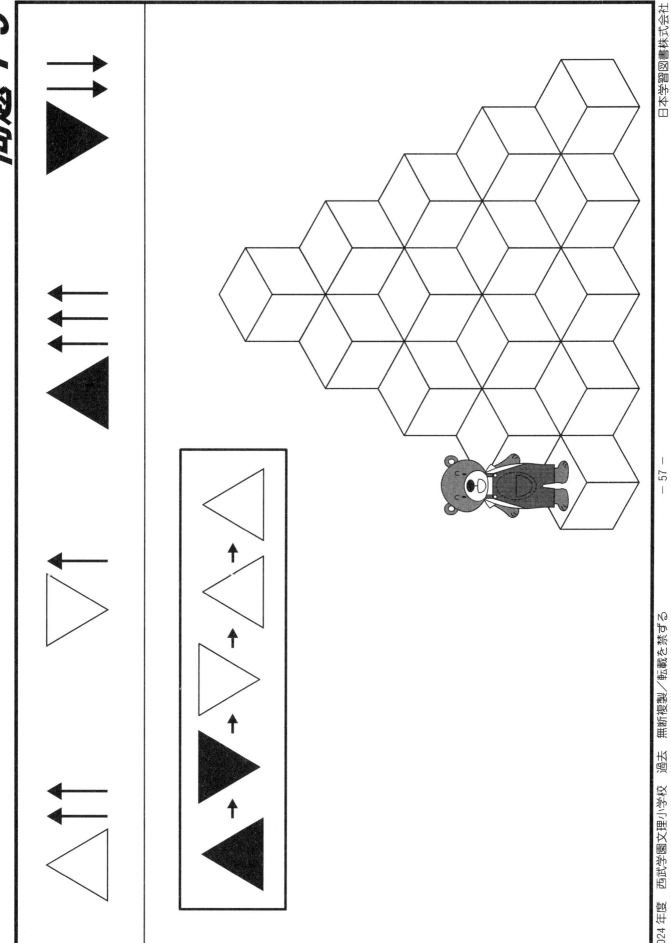

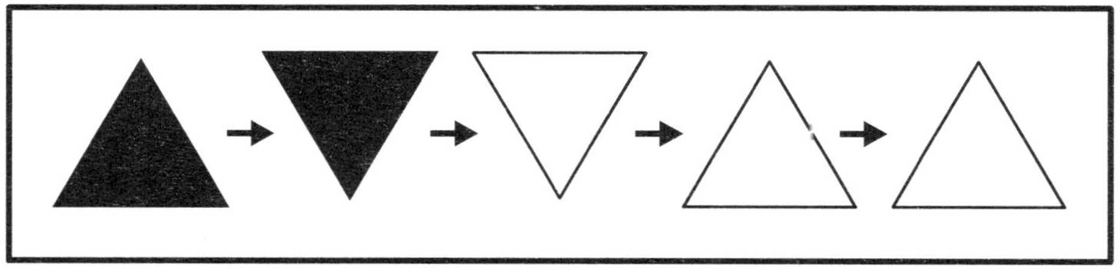

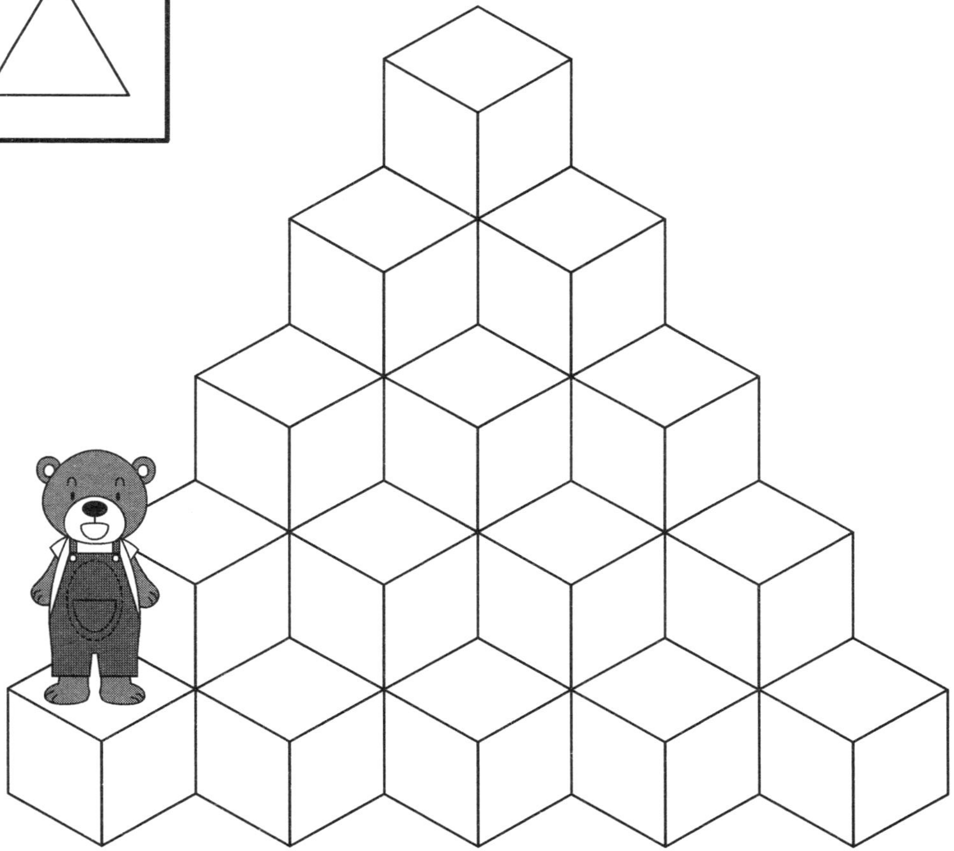

問題16

①

②

③

④

⑤

⑥

2024 年度　西武学園文理小学校　過去　無断複製／転載を禁ずる　　日本学習図書株式会社

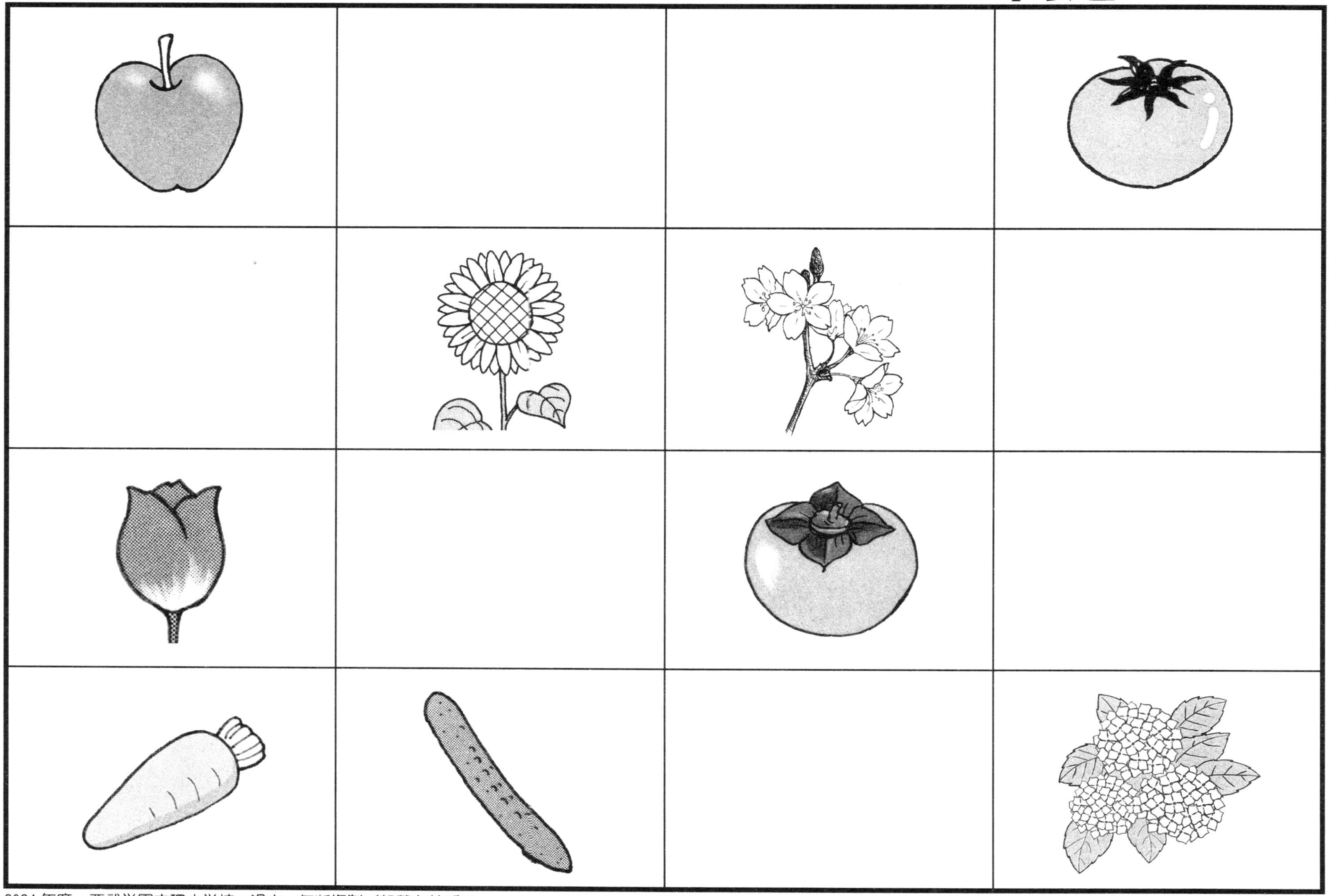

問題17－2

①

②

③

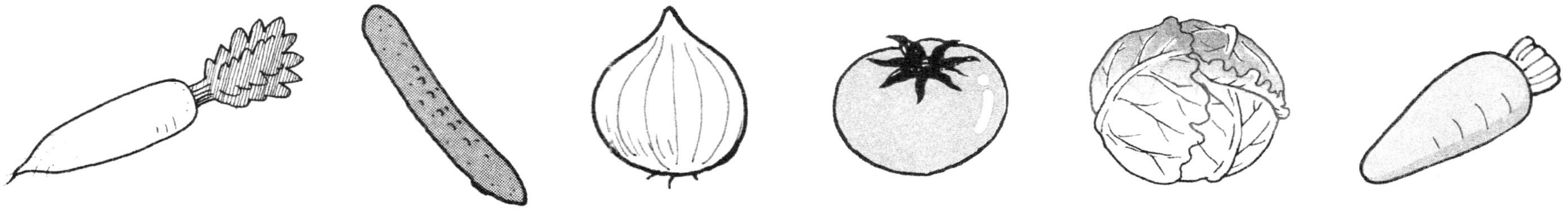

問題17－3

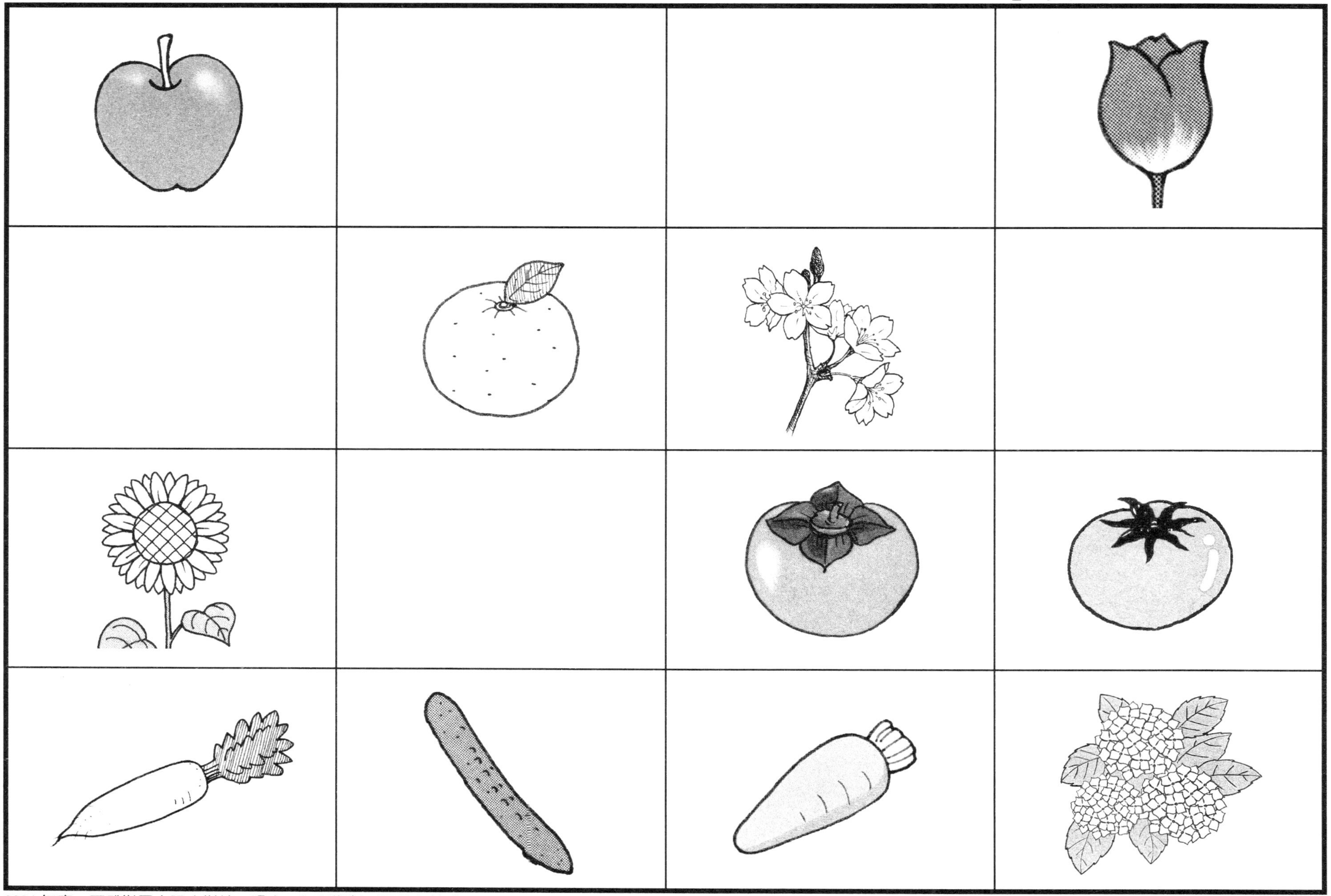

2024 年度　西武学園文理小学校　過去　無断複製／転載を禁ずる　日本学習図書株式会社

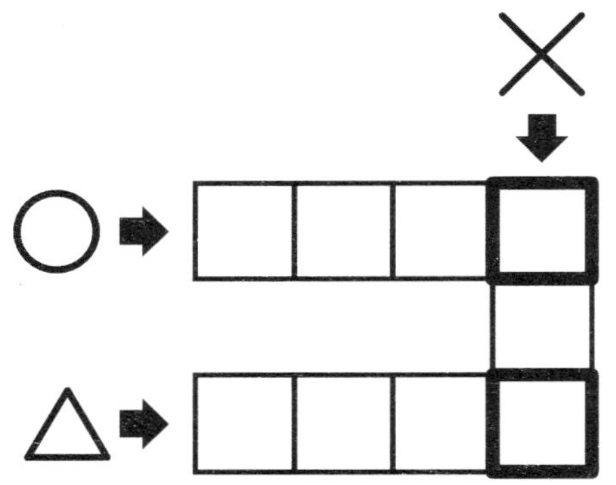

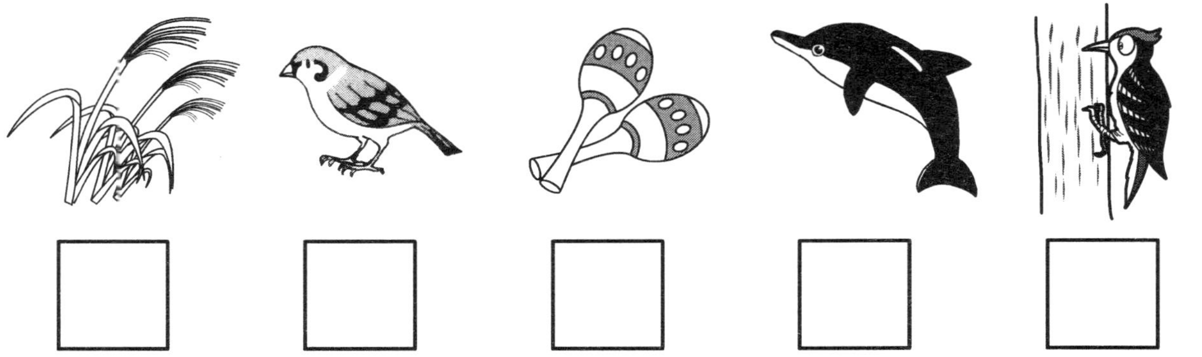

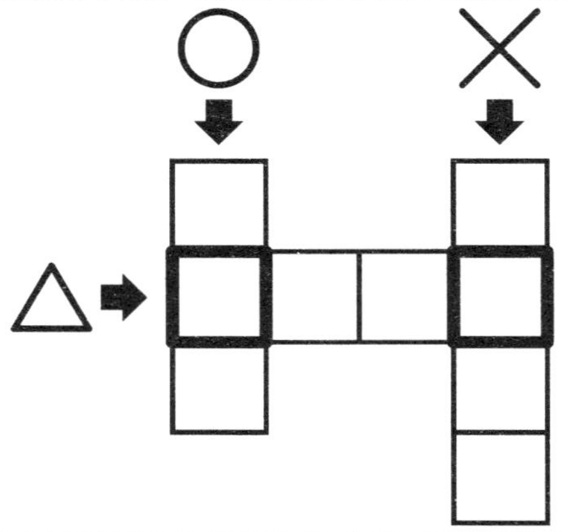

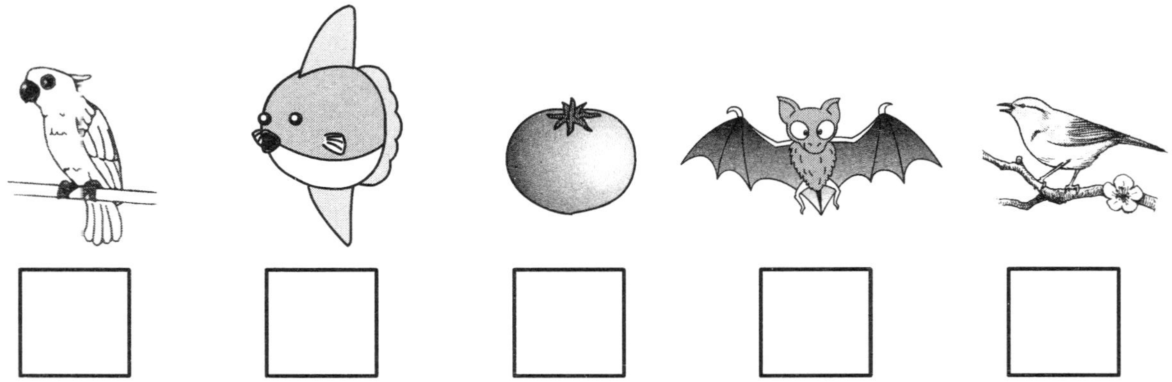

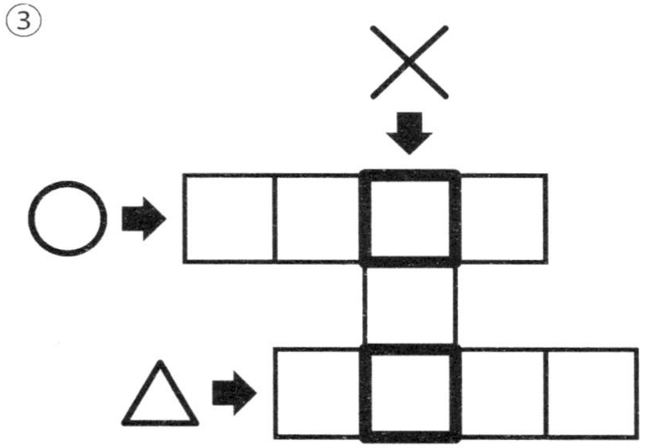

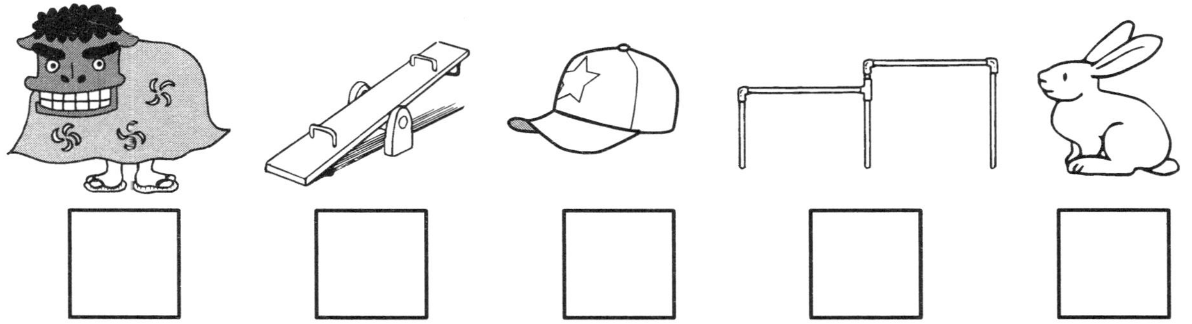

問題19

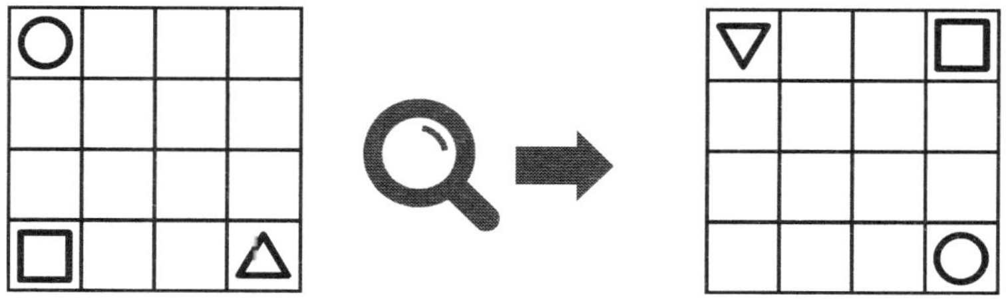

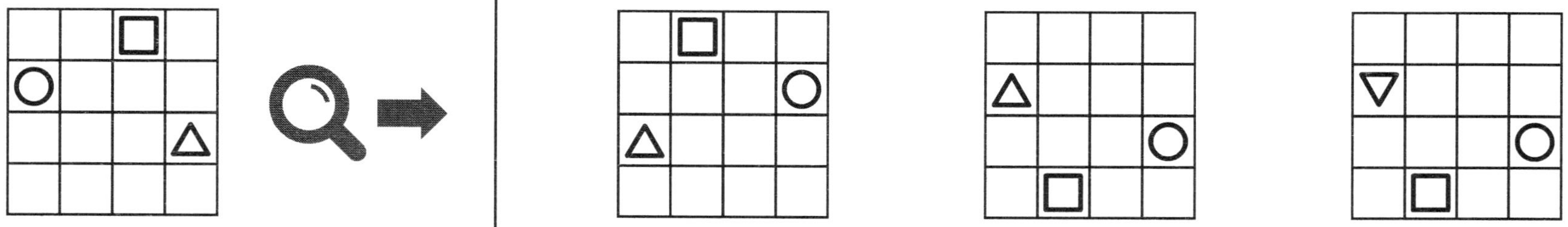

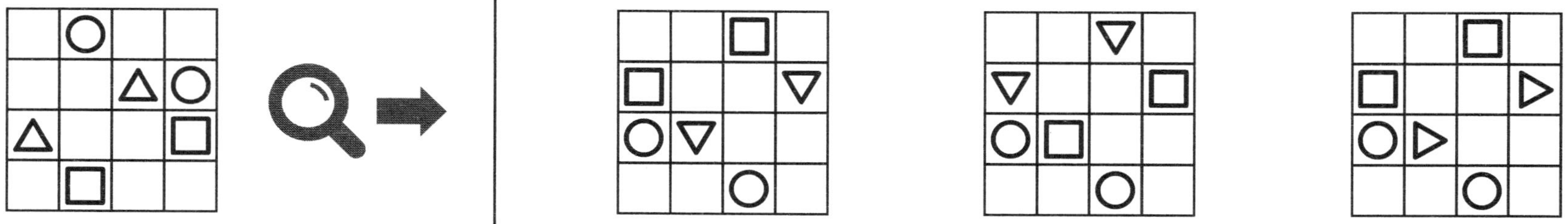

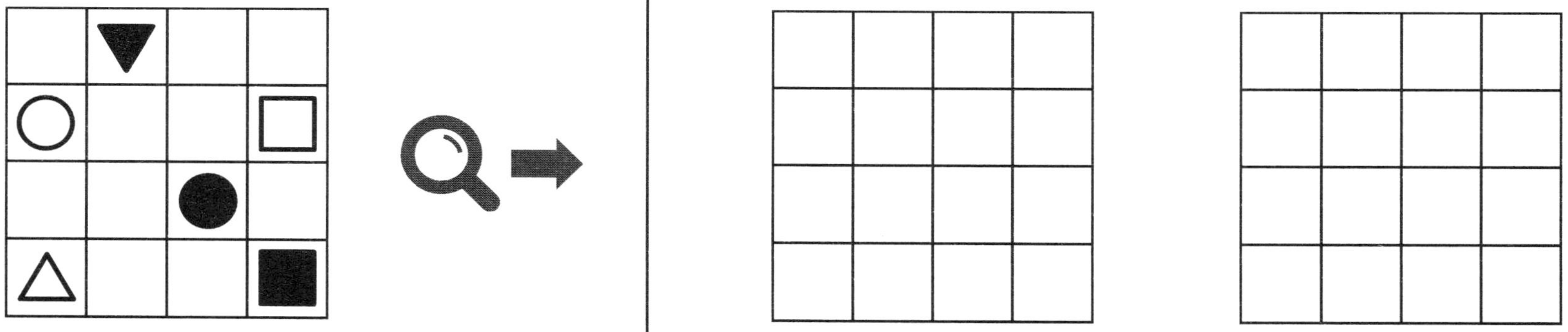

問題２０

2024年度　西武学園文理小学校　過去　無断複製/転載を禁ずる　日本学習図書株式会社

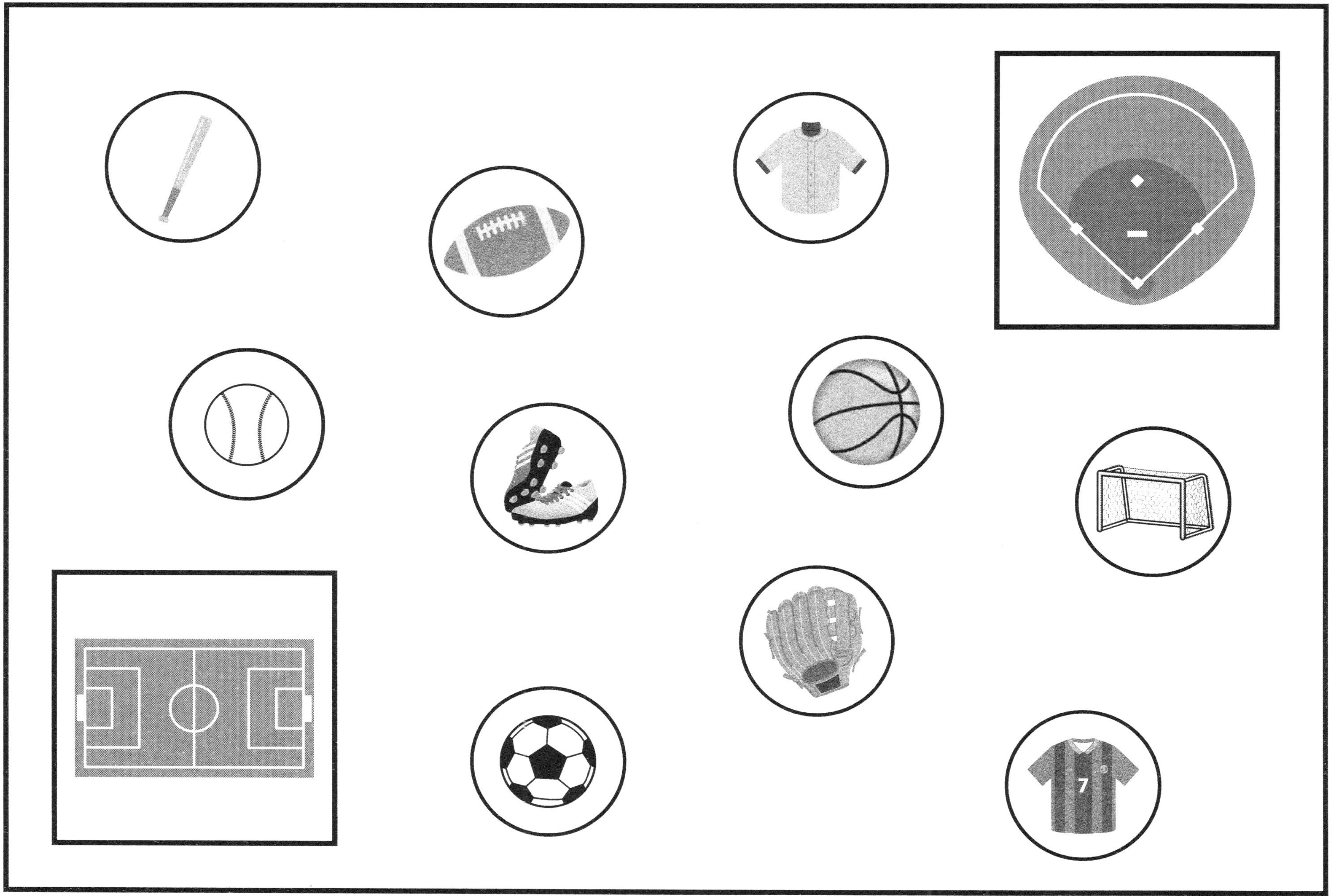

問題２２

△↑　▽↓　▲↑↑　▼↓↓

▲▽△▼△

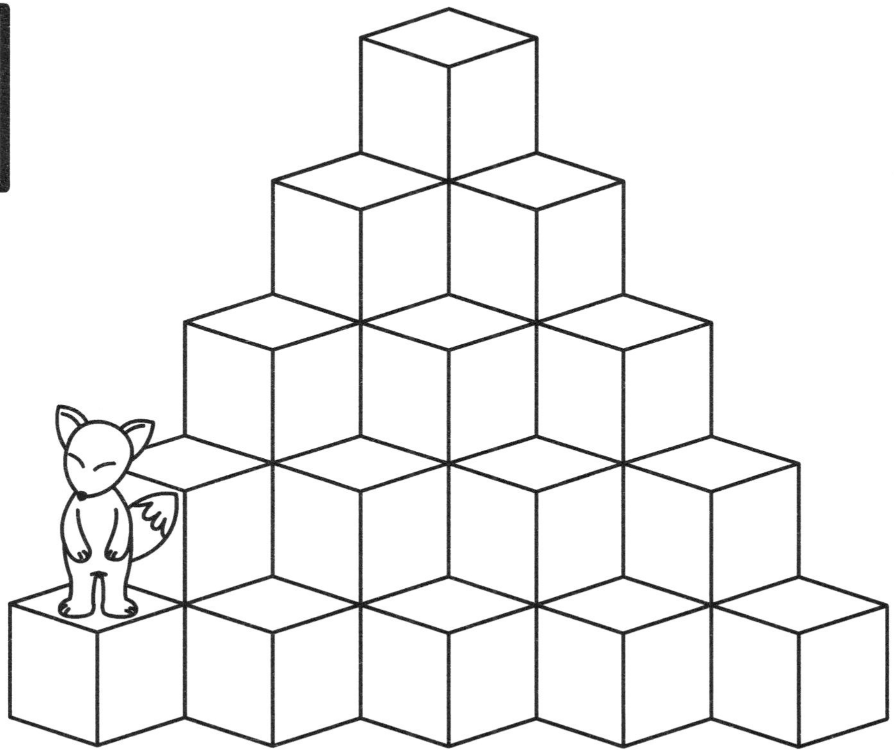

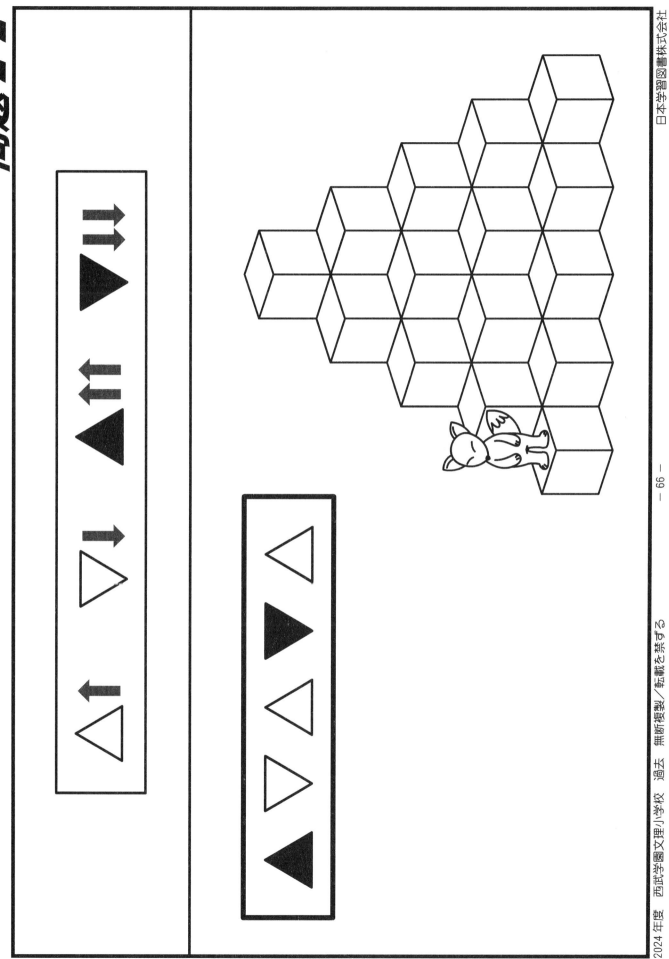

問題２３－１

①

②

③

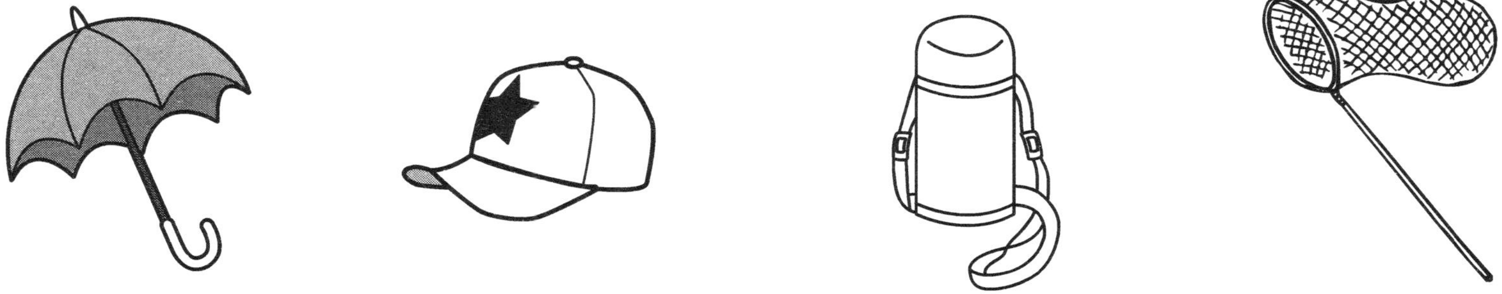

問題２３－２

④

⑤

⑥

問題24

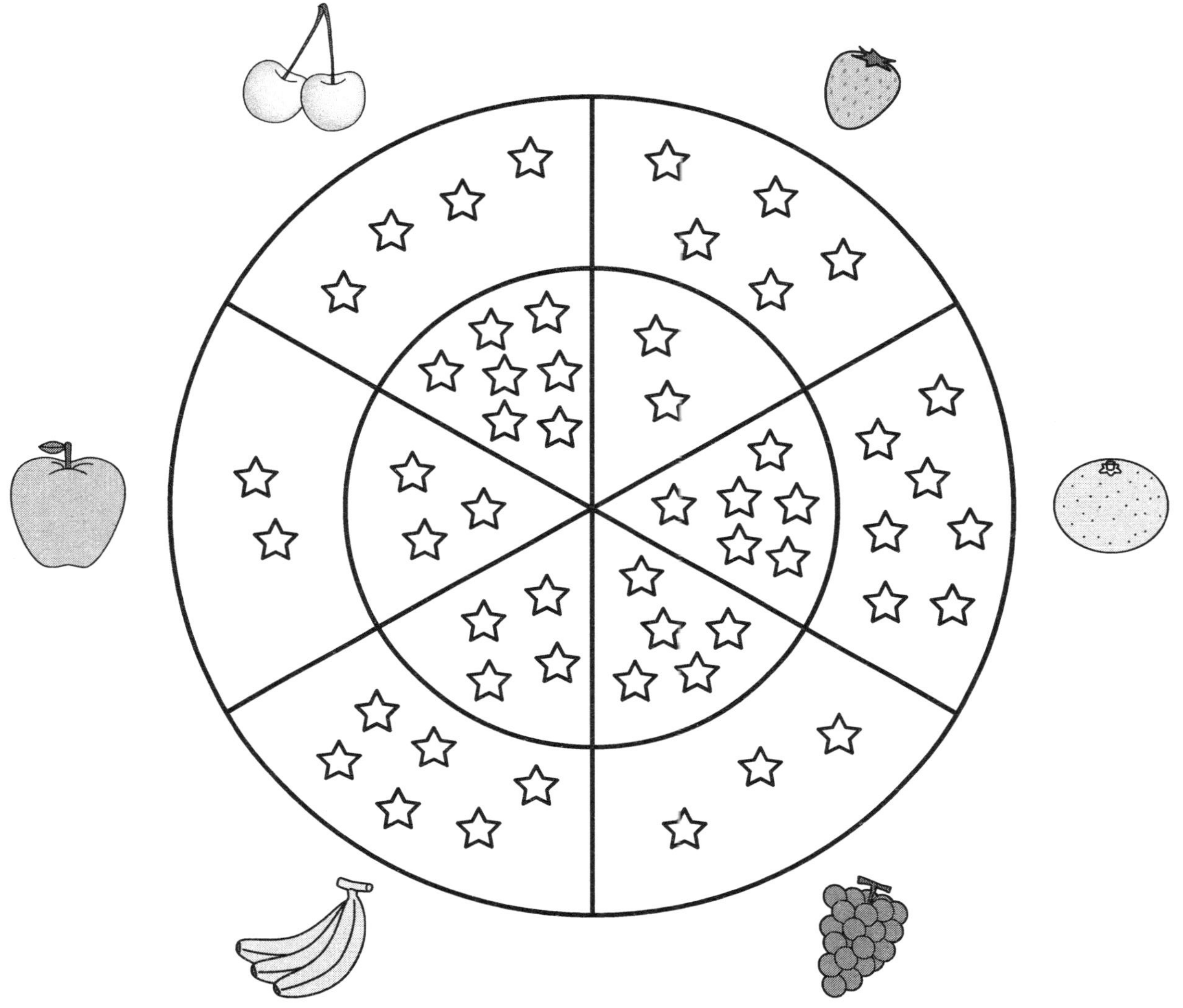

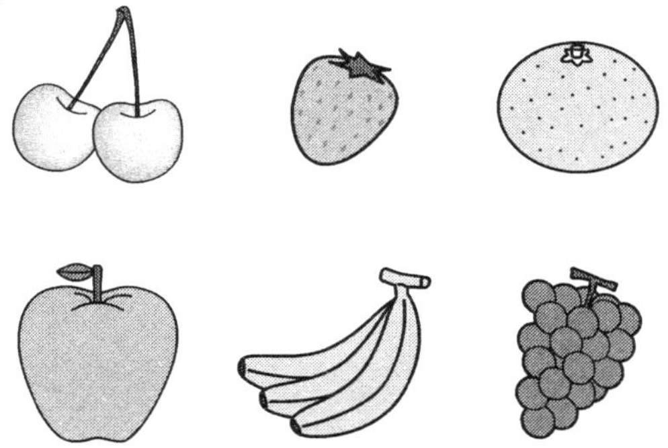

2024 年度　西武学園文理小学校　過去　無断複製／転載を禁ずる　　　　日本学習図書株式会社

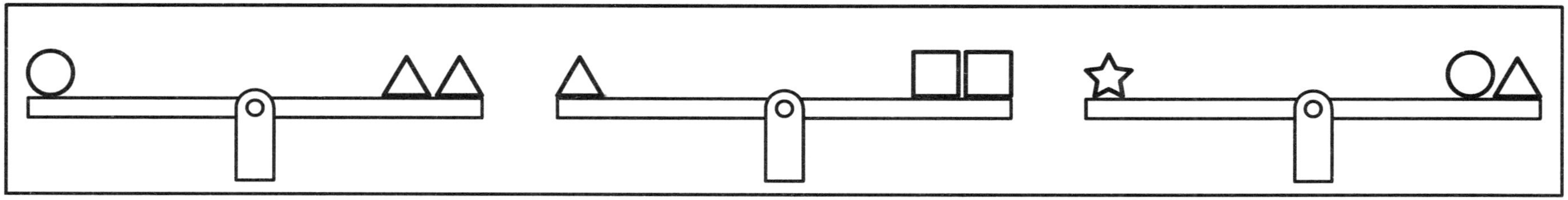

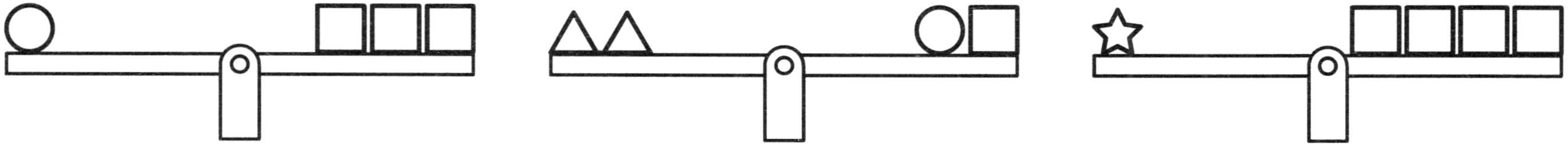

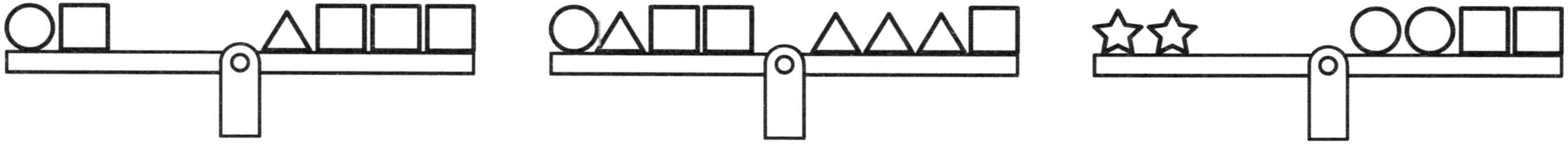

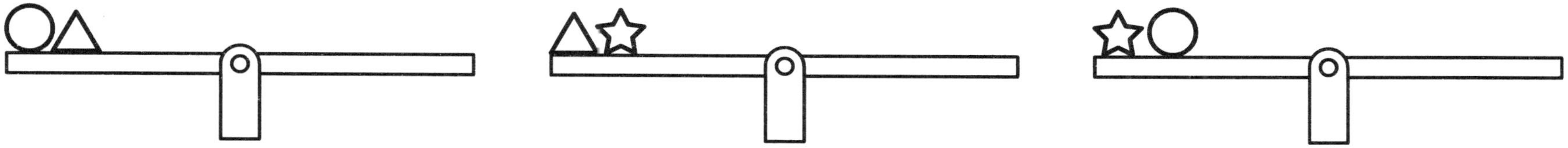

問題27

①階段登り→飛び降り

②鉄棒ぶら下がり

③飛行機のポーズ

④平均台渡り

⑤ケンパー

⑥後ろ歩き→スキップ

2024年度　西武学園文理小学校　過去　無断複製／転載を禁ずる　日本学習図書株式会社

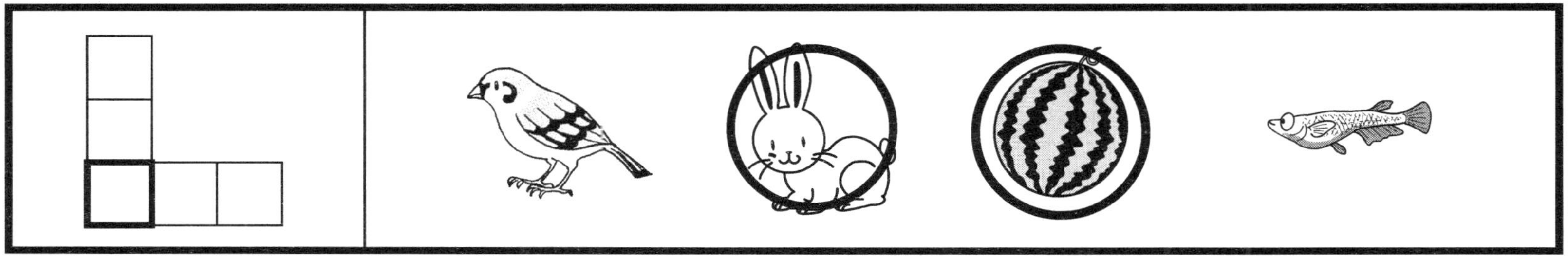

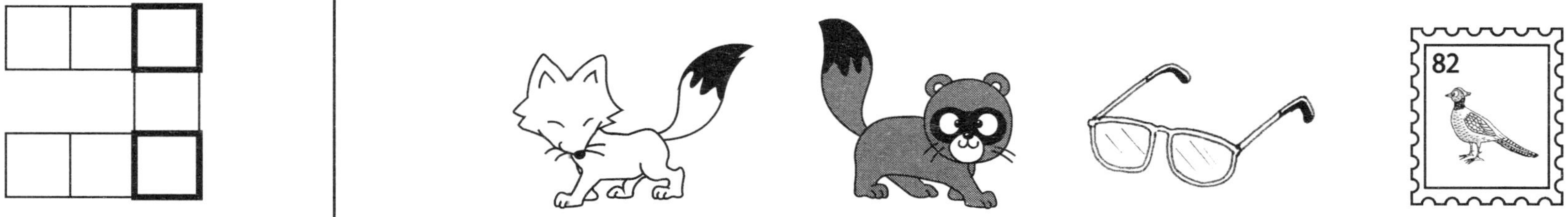

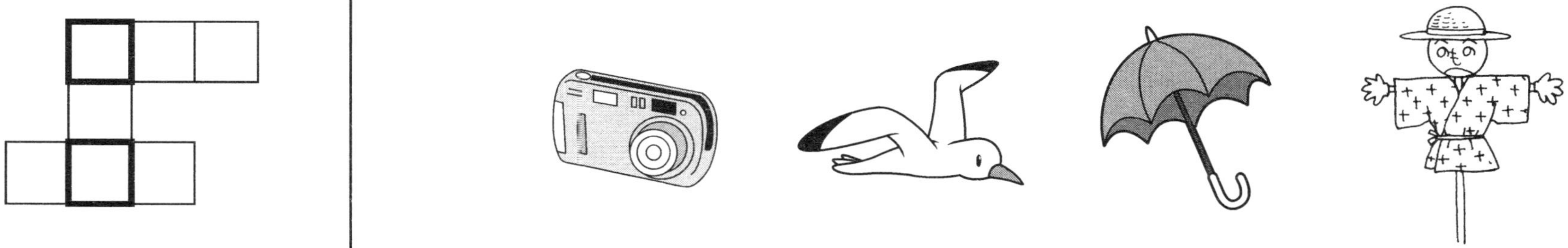

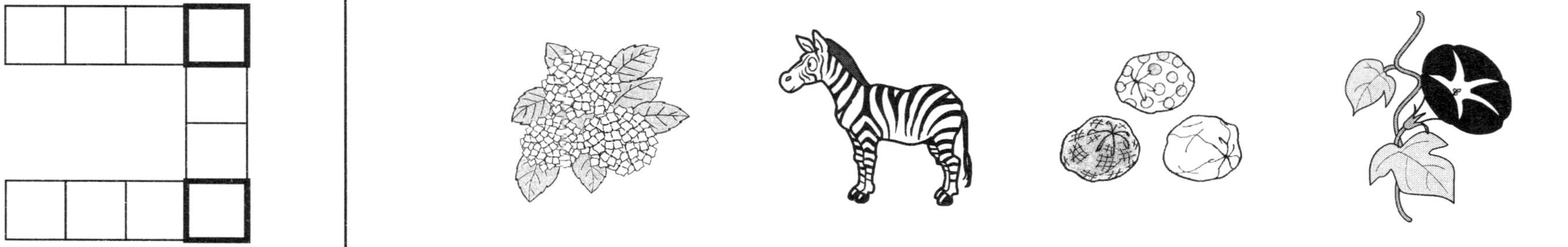

問題31

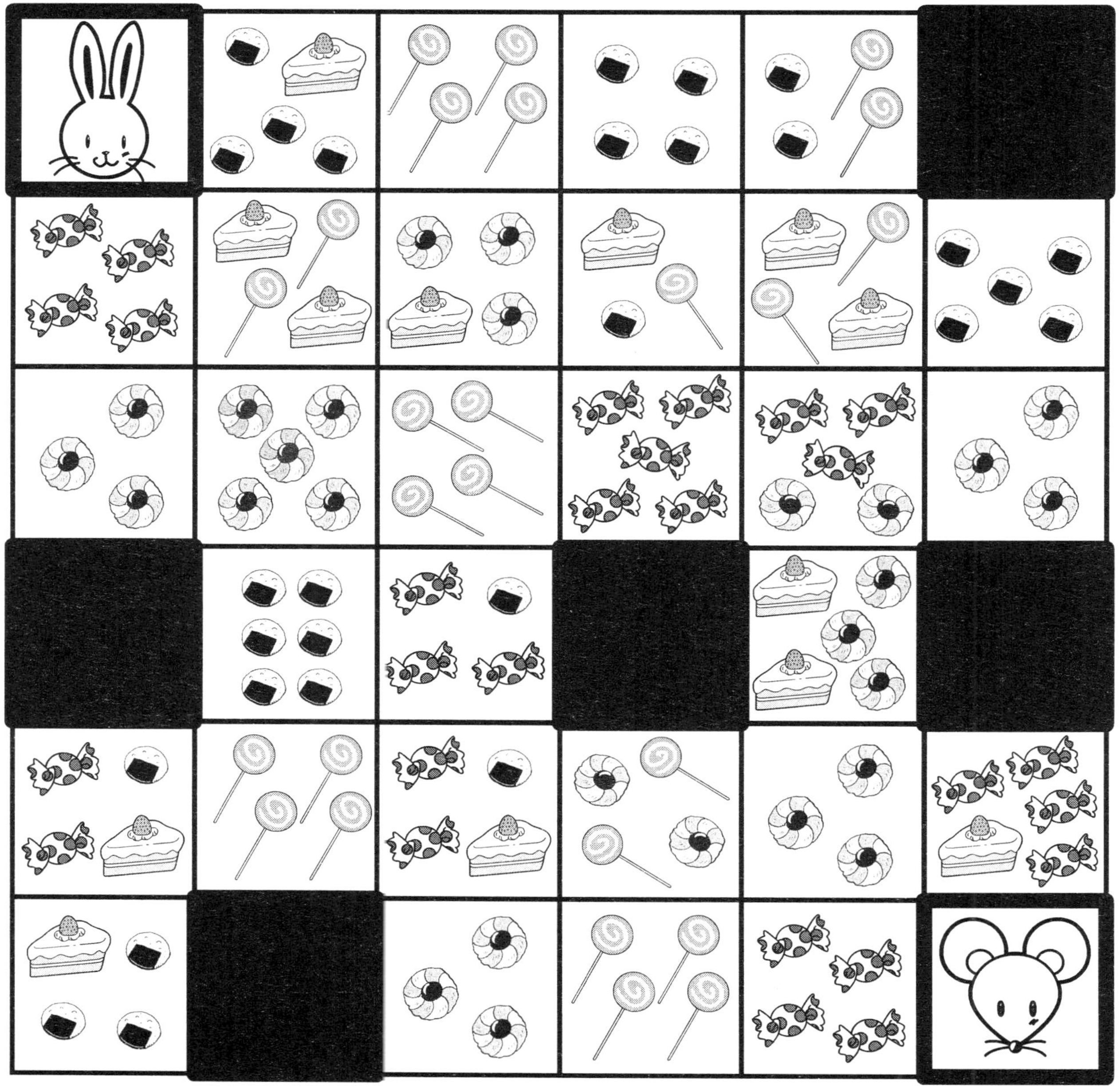

　

問題３ ２

①

②

問題３３

①

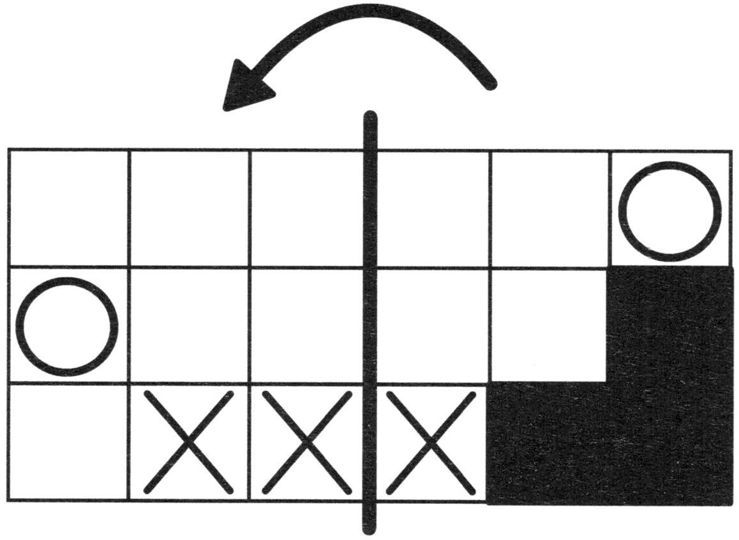

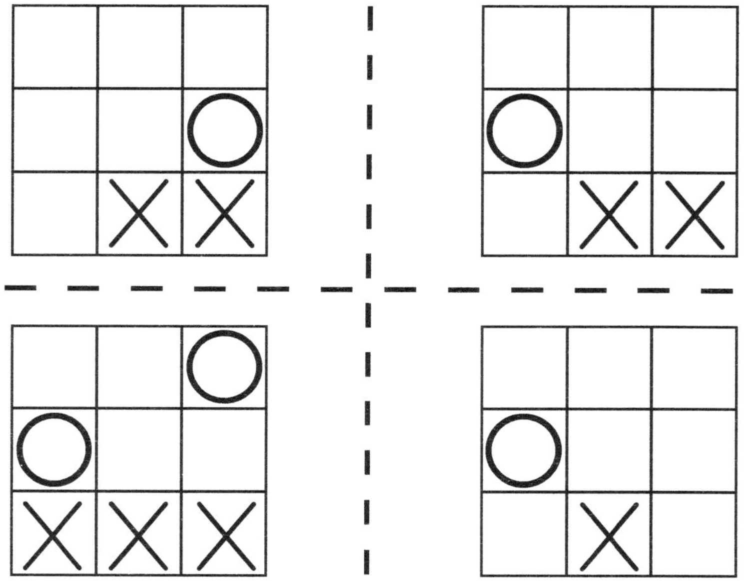

②

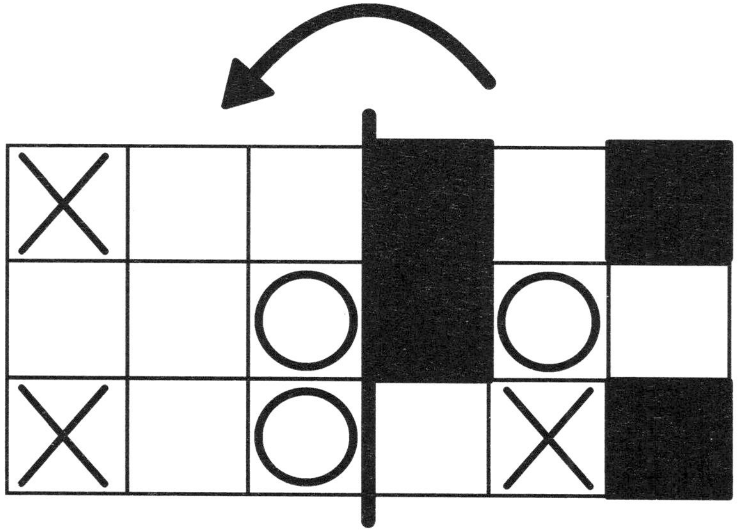

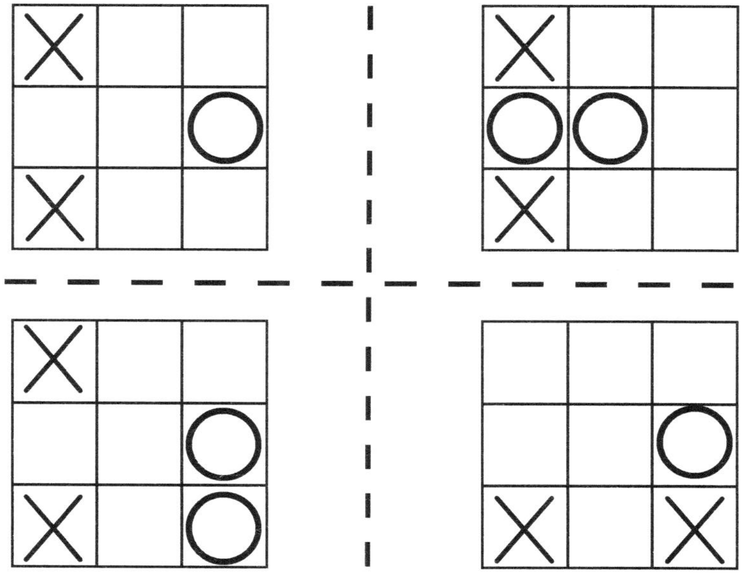

問題 3 4

③

②

①

2024 年度　西武学園文理小学校　過去　無断複製／転載を禁ずる

日本学習図書株式会社

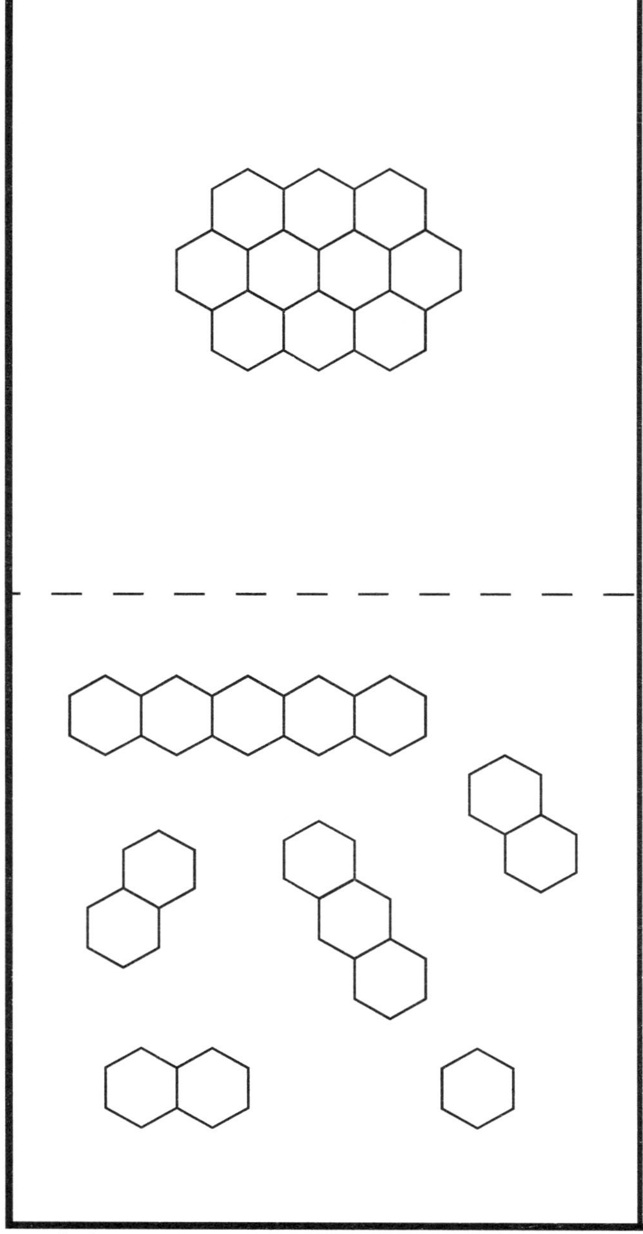

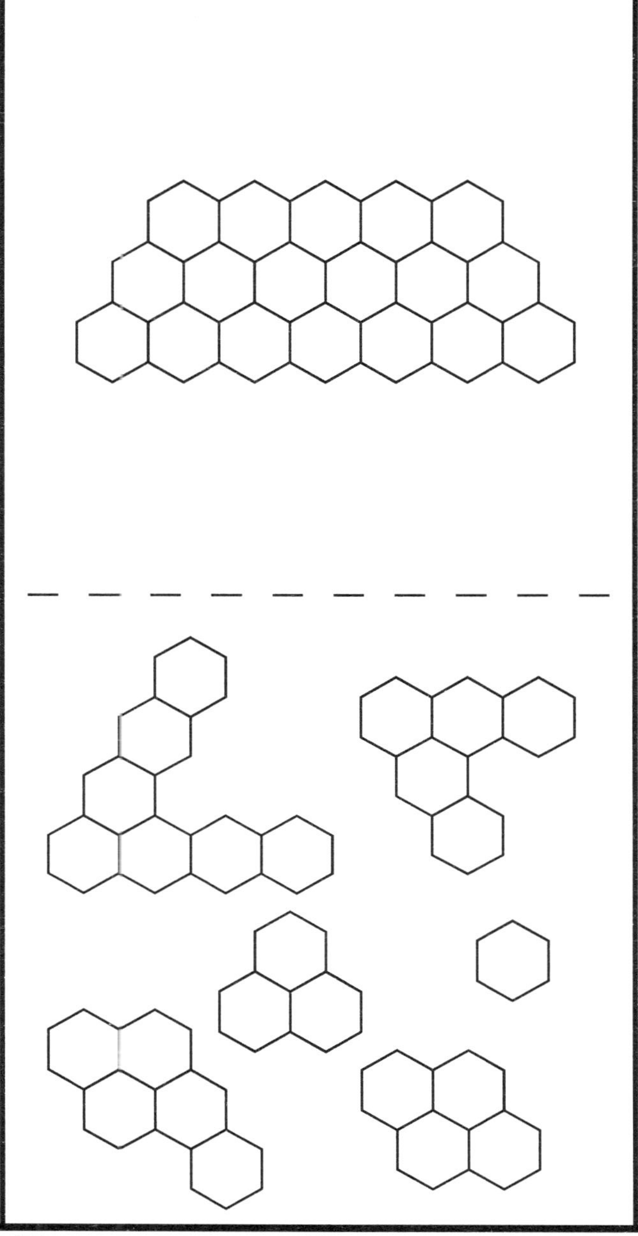

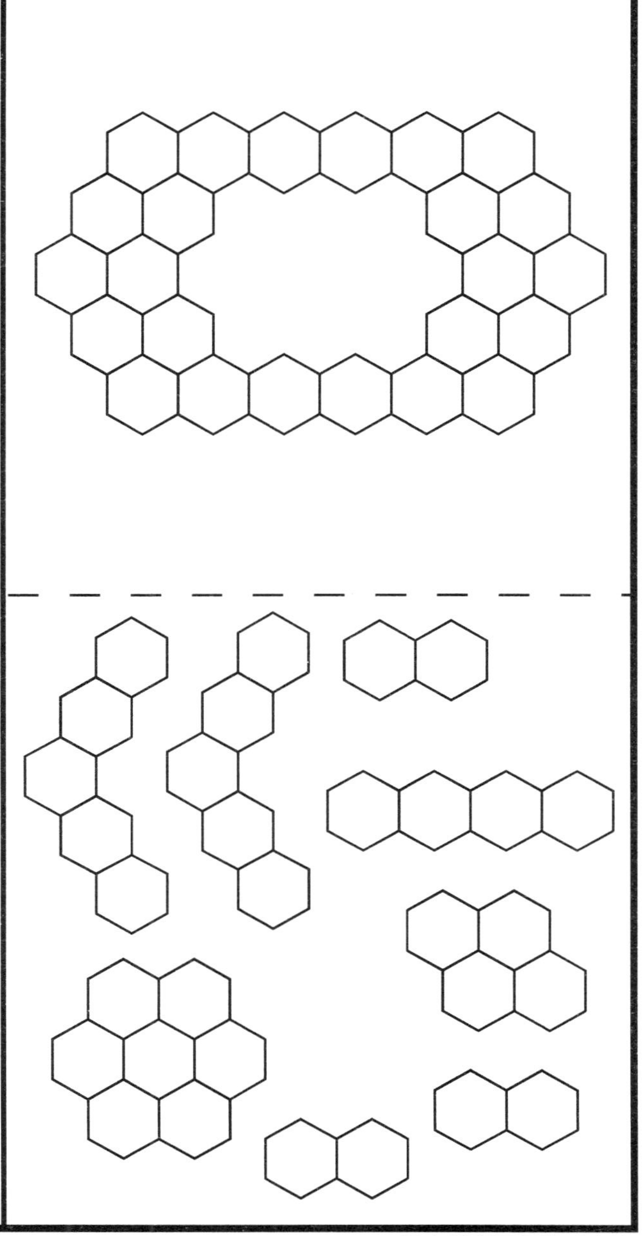

2024 年度　西武学園文理小学校　過去　無断複製／転載を禁ずる　日本学習図書株式会社

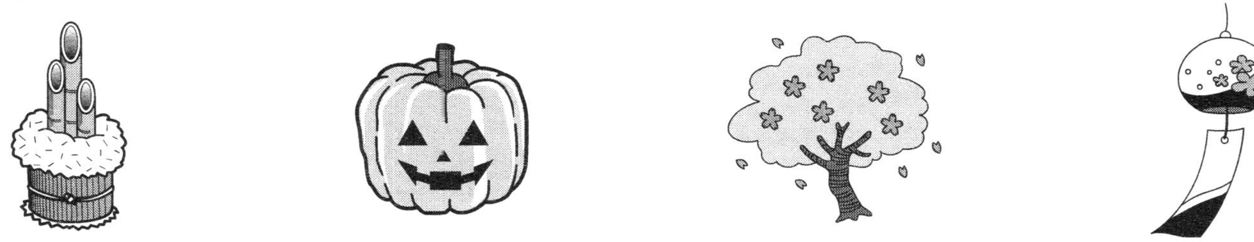

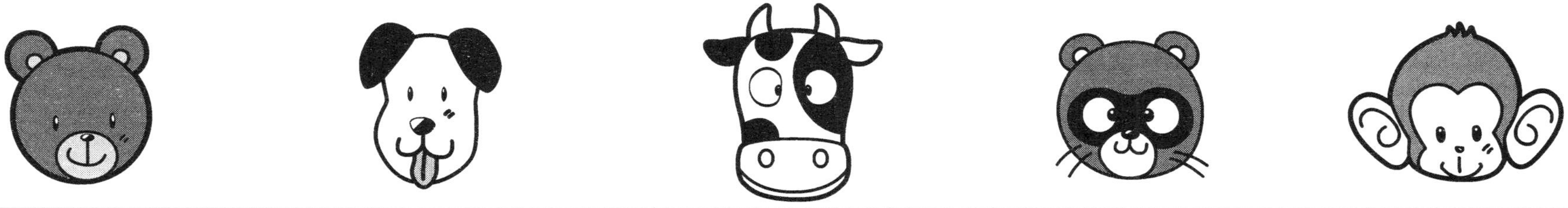

問題３６

①

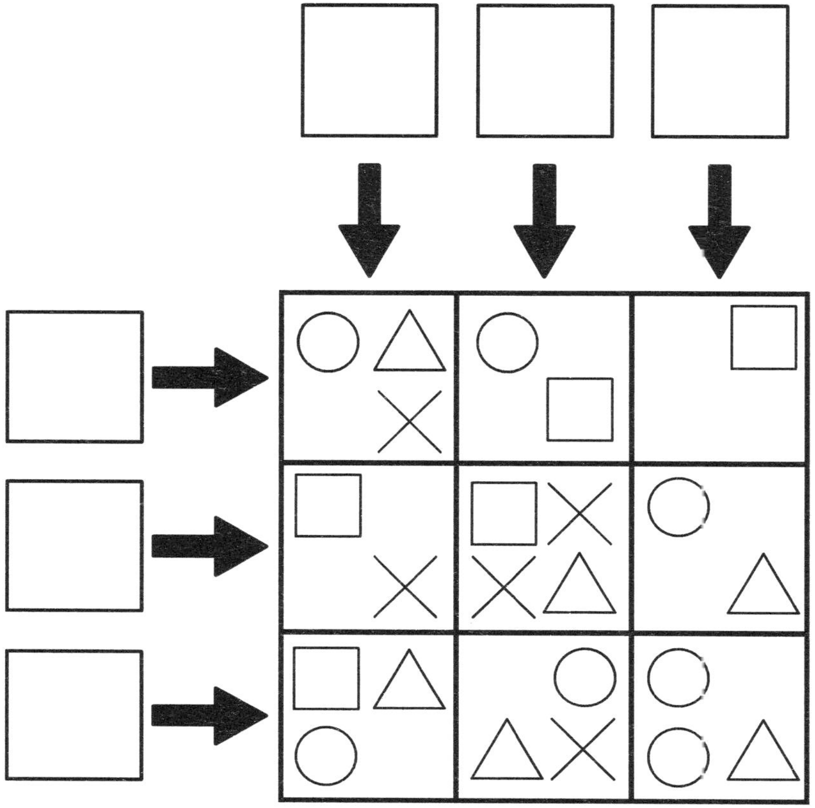

②

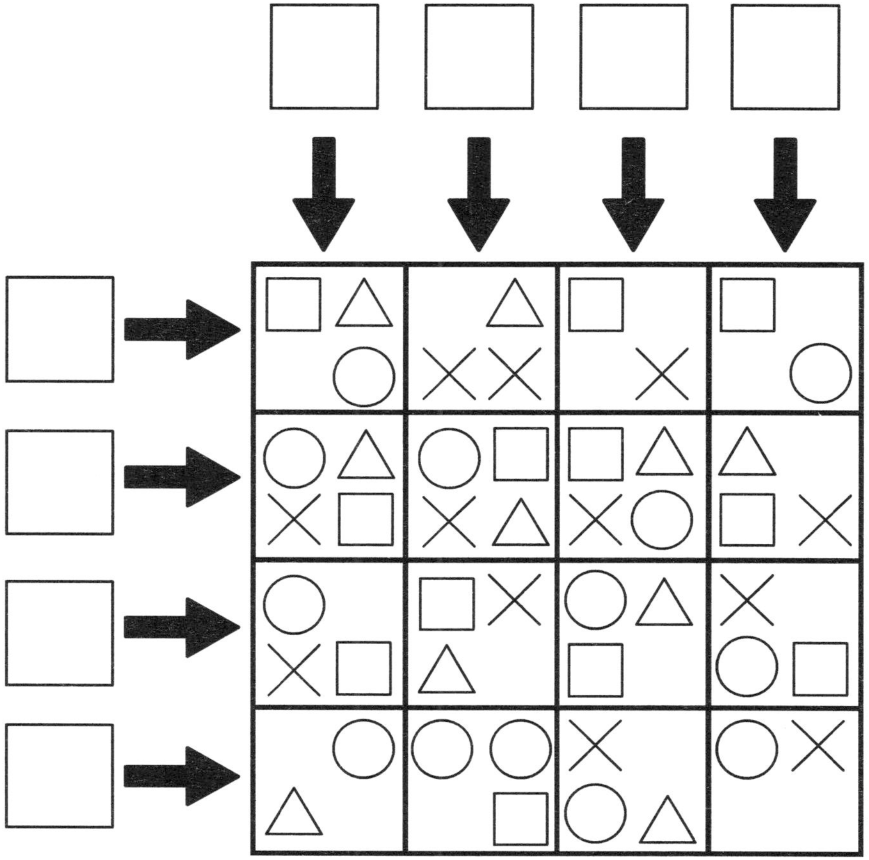

2024 年度　西武学園文理小学校　過去　無断複製／転載を禁ずる　日本学習図書株式会社

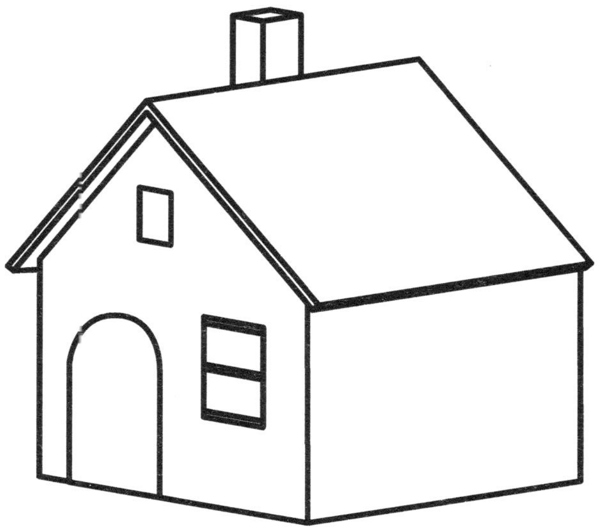

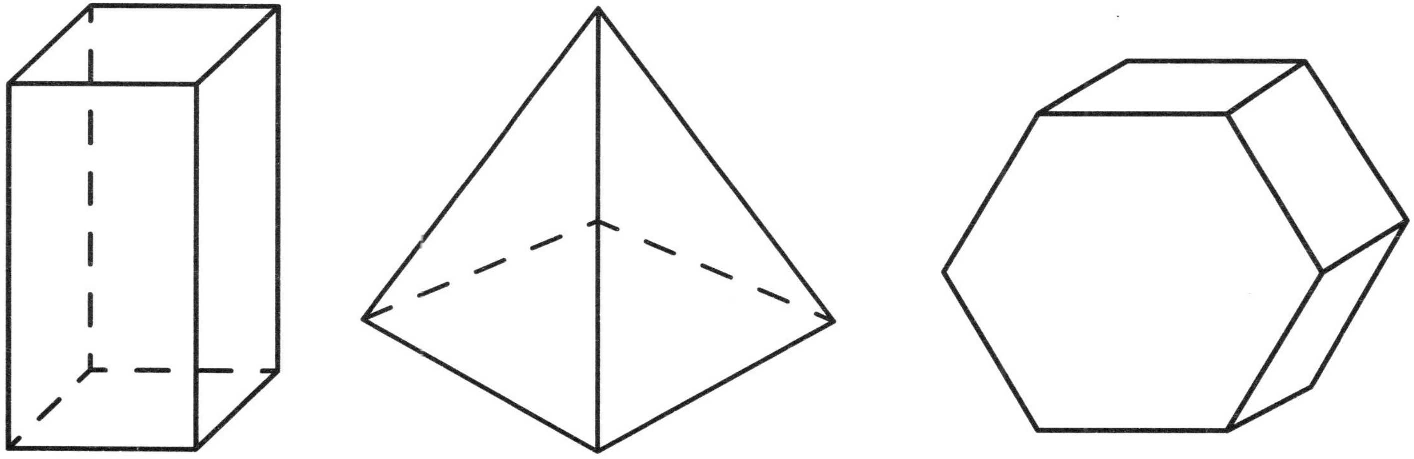

問題３８

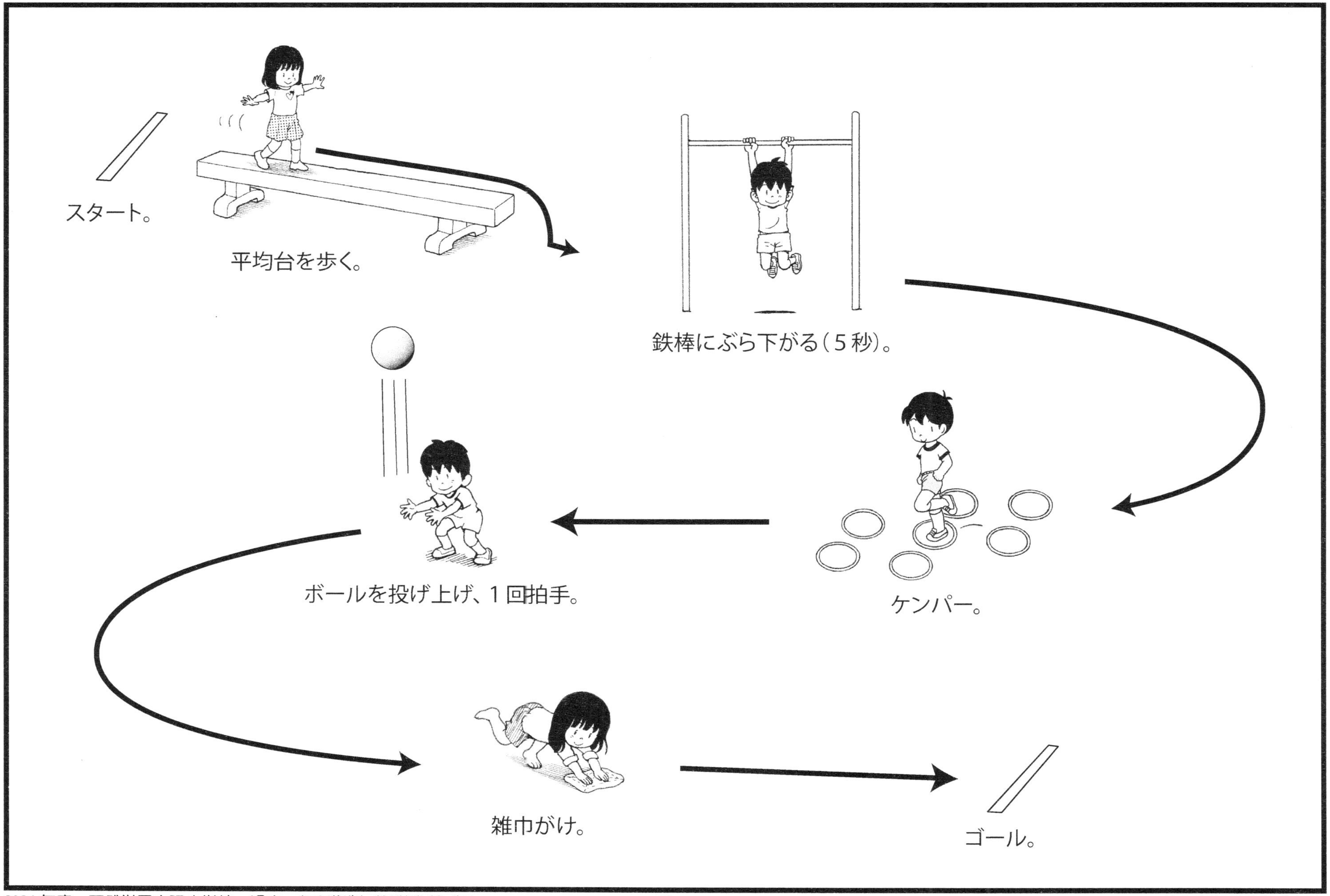
スタート。
平均台を歩く。
鉄棒にぶら下がる（５秒）。
ケンパー。
ボールを投げ上げ、１回拍手。
雑巾がけ。
ゴール。

図書カード 1000 円分プレゼント

ご記入日 令和　　年　　月　　日

☆国・私立小学校受験アンケート☆

※可能な範囲でご記入下さい。選択肢は○で囲んで下さい。

〈小学校名〉＿＿＿＿＿＿＿＿＿＿＿＿　〈お子さまの性別〉男・女　〈誕生月〉＿＿月

〈その他の受験校〉（複数回答可）＿＿＿＿＿＿＿＿＿＿＿＿＿＿＿＿＿＿

〈受験日〉①：＿＿月＿＿日〈時間〉＿＿時＿＿分～＿＿時＿＿分

②：＿＿月＿＿日〈時間〉＿＿時＿＿分～＿＿時＿＿分

〈受験者数〉男女計＿＿名（男子＿＿名　女子＿＿名）

〈お子さまの服装〉＿＿＿＿＿＿＿＿＿＿＿＿＿＿＿＿

〈入試全体の流れ〉（記入例）準備体操→行動観察→ペーパーテスト

＿＿＿＿＿＿＿＿＿＿＿＿＿＿＿＿＿＿＿＿＿＿＿＿

Eメールによる情報提供

日本学習図書では、Eメールでも入試情報を募集しております。

下記のアドレスに、アンケートの内容をご入力の上、メールをお送り下さい。

ojuken@nichigaku.jp

●行動観察　（例）好きなおもちゃで遊ぶ・グループで協力するゲームなど

〈実施日〉＿＿月＿＿日〈時間〉＿＿時＿＿分～＿＿時＿＿分〈着替え〉□有　□無

〈出題方法〉□肉声　□録音　□その他（　　　　　　）〈お手本〉□有　□無

〈試験形態〉□個別　□集団（　　　人程度）

〈会場図〉

〈内容〉

□自由遊び

＿＿＿＿＿＿＿＿＿＿＿＿＿＿＿＿

□グループ活動

＿＿＿＿＿＿＿＿＿＿＿＿＿＿＿＿

□その他

＿＿＿＿＿＿＿＿＿＿＿＿＿＿＿＿

●運動テスト（有・無）　（例）跳び箱・チームでの競争など

〈実施日〉＿＿月＿＿日〈時間〉＿＿時＿＿分～＿＿時＿＿分〈着替え〉□有　□無

〈出題方法〉□肉声　□録音　□その他（　　　　　　）〈お手本〉□有　□無

〈試験形態〉□個別　□集団（　　　人程度）

〈会場図〉

〈内容〉

□サーキット運動

□走り　□跳び箱　□平均台　□ゴム跳び

□マット運動　□ボール運動　□なわ跳び

□クマ歩き

□グループ活動＿＿＿＿＿＿＿＿＿＿＿＿

□その他＿＿＿＿＿＿＿＿＿＿＿＿＿＿

●知能テスト・口頭試問

〈実施日〉 ____月____日 〈時間〉 ____時____分 ～ ____時____分 〈お手本〉□有 □無

〈出題方法〉 □肉声 □録音 □その他（　　　　　　） 〈問題数〉 ____枚 ____問

分野	方法	内　　　　容	詳　細・イ　ラ　ス　ト
（例） お話の記憶	☑筆記 □口頭	動物たちが待ち合わせをする話	（あらすじ） 動物たちが待ち合わせをした。最初にウサギさんが来た。次にイヌくんが、その次にネコさんが来た。最後にタヌキくんが来た。 （問題・イラスト） ３番目に来た動物は誰か 
お話の記憶	□筆記 □口頭		（あらすじ） （問題・イラスト）
図形	□筆記 □口頭		
言語	□筆記 □口頭		
常識	□筆記 □口頭		
数量	□筆記 □口頭		
推理	□筆記 □口頭		
その他	□筆記 □口頭		

●制作　(例) ぬり絵・お絵かき・工作遊びなど

〈実施日〉＿＿月＿＿日〈時間〉＿＿時＿＿分＿＿～＿＿時＿＿分

〈出題方法〉 □肉声 □録音 □その他（　　　　　）〈お手本〉□有 □無

〈試験形態〉 □個別 □集団（　　　人程度）

材料・道具	制作内容
□ハサミ □のり (□つぼ □液体 □スティック) □セロハンテープ □鉛筆 □クレヨン（　色） □クーピーペン（　色） □サインペン（　色）□ □画用紙 (□ A4 □ B4 □ A3 □その他：　　　　) □折り紙 □新聞紙 □粘土 □その他（　　　　　）	□切る □貼る □塗る □ちぎる □結ぶ □描く □その他（　　　　　） タイトル：＿＿＿＿＿＿＿＿＿＿

●面接

〈実施日〉＿＿月＿＿日〈時間〉＿＿時＿＿分＿＿～＿＿時＿＿分〈面接担当者〉＿＿名

〈試験形態〉□志願者のみ（　）名 □保護者のみ □親子同時 □親子別々

〈質問内容〉

※試験会場の様子をご記入下さい。

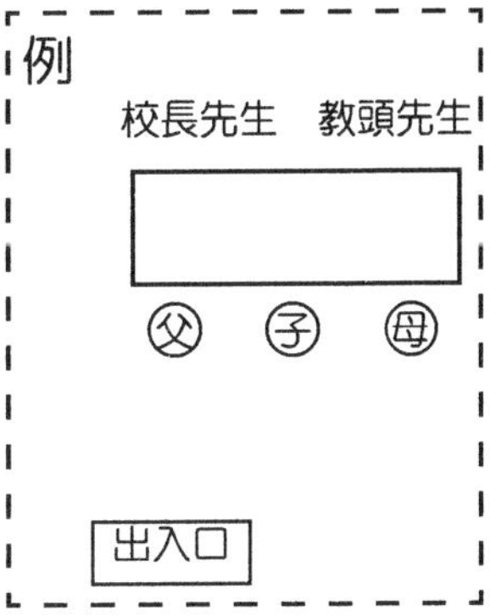

□志望動機　□お子さまの様子

□家庭の教育方針

□志望校についての知識・理解

□その他（　　　　　　　　　　）

（詳　細）

・

・

・

・

●保護者作文・アンケートの提出（有・無）

〈提出日〉 □面接直前 □出願時 □志願者考査中 □その他（　　　　　　）

〈下書き〉 □有 □無

〈アンケート内容〉

（記入例）当校を志望した理由はなんですか（150 字）

●説明会（□有　□無）〈開催日〉＿＿月＿＿日〈時間〉＿＿時＿＿分～＿＿時＿＿分

〈上履き〉 □要　□不要 〈願書配布〉 □有　□無 〈校舎見学〉 □有　□無

〈ご感想〉

●参加された学校行事（複数回答可）

公開授業〈開催日〉＿＿月＿＿日〈時間〉＿＿時＿＿分～＿＿時＿＿分

運動会など〈開催日〉＿＿月＿＿日〈時間〉＿＿時＿＿分～＿＿時＿＿分

学習発表会・音楽会など〈開催日〉＿＿月＿＿日〈時間〉＿＿時＿＿分～＿＿時＿＿分

〈ご感想〉

※是非参加したほうがよいと感じた行事について

●受験を終えてのご感想、今後受験される方へのアドバイス

※対策学習（重点的に学習しておいた方がよい分野）、当日準備しておいたほうがよい物など

＊＊＊＊＊＊＊＊＊＊＊＊＊　ご記入ありがとうございました　＊＊＊＊＊＊＊＊＊＊＊＊＊

必要事項をご記入の上、ポストにご投函ください。

なお、本アンケートの送付期限は入試終了後３ヶ月とさせていただきます。また、入試に関する情報の記入量が当社の基準に満たない場合、謝礼の送付ができないことがございます。あらかじめご了承ください。

ご住所：〒＿＿＿＿＿＿＿＿＿＿＿＿＿＿＿＿＿＿＿＿

お名前：＿＿＿＿＿＿＿＿＿＿　メール：＿＿＿＿＿＿＿＿＿＿

ＴＥＬ：＿＿＿＿＿＿＿＿＿＿　ＦＡＸ：＿＿＿＿＿＿＿＿＿＿

アンケートのご記入
ありがとうございました

ご記入頂いた個人に関する情報は、当社にて厳重に管理致します。弊社の個人情報取り扱いに関する詳細は、www.nichigaku.jp/policy.php の「個人情報の取り扱い」をご覧下さい。

分野別 小学入試練習帳 ジュニアウォッチャー

1．点・線図形	小学校入試で出題頻度の高い『点・線図形』の模写を、難易度の低いものから段階別に幅広く練習することができるように構成。
2．座標	図形の位置模写という作業を、難易度の低いものから段階別に練習できるように構成。
3．パズル	様々なパズルの問題を難易度の低いものから段階別に練習できるよう こ構成。
4．同図形探し	小学校入試で出題頻度の高い、同図形選びの問題を繰り返し練習できるように構成。
5．回転・展開	図形などを回転、または展開したとき、形がどのように変化するかを学習し、理解を深められるように構成。
6．系列	数、図形などの様々な系列問題を、難易度の低いものから段階別に練習できるように構成。
7．迷路	迷路の問題を繰り返し練習できるように構成。
8．対称	対称に関する問題を４つのテーマに分類し、各テーマごとに問題を段階別に練習できるように構成。
9．合成	図形の合成に関する問題を、難易度の低いものから段階別に練習できるように構成。
10．四方からの観察	もの（立体）を様々な角度から見て、どのように見えるかを推理する問題を段階別に整理し、１つの形式で複数の問題を練習できるように構成。
11．いろいろな仲間	ものや動物、植物の共通点を見つけ、分類していく問題を中心に構成。
12．日常生活	日常生活における様々な問題を６つのテーマに分類し、各テーマごとに一つの問題形式で複数の問題を練習できるように構成。
13．時間の流れ	『時間』に着目し、様々なものごとは、時間が経過するとどのように変化するのかということを学習し、理解できるように構成。
14．数える	様々なものを『数える』ことから、数の多少の判定やかけ算、わり算の基礎までを練習できるように構成。
15．比較	比較に関する問題を５つのテーマ（数、高さ、長さ、量、重さ）に分類し、各テーマごとに問題を段階別に練習できるように構成。
16．積み木	数える対象を積み木に限定した問題集。
17．言葉の音遊び	言葉の音に関する問題を５つのテーマに分類し、各テーマごとに問題を段階別に練習できるように構成。
18．いろいろな言葉	表現力をより豊かにするいろいろな言葉として、擬態語や擬声語、同音異義語、反意語、数詞を取り上げた問題集。
19．お話の記憶	お話を聴いてその内容を記憶、理解し、設問に答える形式の問題集。
20．見る記憶・聴く記憶	「見て憶える」「聴いて憶える」という『記憶』分野に特化した問題集。
21．お話作り	いくつかの絵を元にしてお話を作る練習をして、想像力を養うことができるように構成。
22．想像画	描かれてある形や景色に好きな絵を描くことにより、想像力を養うことができるように構成。
23．切る・貼る・塗る	小学校入試で出題頻度の高い、はさみやのりなどを用いた巧緻性の問題を繰り返し練習できるように構成。
24・絵画	小学校入試で出題頻度の高い、お絵かきやぬり絵などクレヨンやクーピーペンを用いた巧緻性の問題を繰り返し練習できるように構成。
25．生活巧緻性	小学校入試で出題頻度の高い日常生活の様々な場面における巧緻性の問題集。
26．文字・数字	ひらがなの清音、濁音、拗音、拗長音、促音と１～20までの数字に焦点を絞り、練習できるように構成。
27．理科	小学校入試で出題頻度が高くなりつつある理科の問題を集めた問題集。
28．運動	出題頻度の高い運動問題を種目別に分けて構成。
29．行動観察	項目ごとに問題提起をし、「このような時はどうか、あるいはどう対処するのか」の観点から問いかける形式の問題集。
30．生活習慣	学校から家庭に提起された問題と思って、一問一問絵を見ながら話し合い、考える形式の問題集。

31．推理思考	数、量、言語、常識（含理科、一般）など、諸々のジャンルから問題を構成し、近年の小学校入試問題傾向に沿って構成。
32．ブラックボックス	箱や筒の中を通ると、どのようなお約束でどのように変化するかを推理・思考する問題集。
33．シーソー	重さの違うものをシーソーに乗せた時どちらに傾くのか、またどうすればシーソーは釣り合うのかを思考する基礎的な問題集。
34．季節	様々な行事や植物などを季節別に分類できるように知識をつける問題集。
35．重ね図形	小学校入試で頻繁に出題されている「図形を重ね合わせてできる形」についての問題を集めました。
36．同数発見	様々な物を数え「同じ数」を発見し、数の多少の判断や数の認識の基礎を学べるように構成した問題集。
37．選んで数える	数の学習の基本となる、いろいろなものの数を正しく数える学習を行う問題集。
38．たし算・ひき算１	数字を使わず、たし算とひき算の基礎を身につけるための問題集。
39．たし算・ひき算２	数字を使わず、たし算とひき算の基礎を身につけるための問題集。
40．数を分ける	数を等しく分ける問題です。等しく分けたときに余りが出るものもあります。
41．数の構成	ある数がどのような数で構成されているか学んでいきます。
42．一対多の対応	一対一の対応から、一対多の対応まで、かけ算の考え方の基礎学習を行います。
43．数のやりとり	あげたり、もらったり、数の変化をしっかりと学びます。
44．見えない数	指定された条件から数を導き出します。
45．図形分割	図形の分割に関する問題集。パズルや合成の分野にも通じる様々な問題を集めました。
46．回転図形	「回転図形」に関する問題集。やさしい問題から始め、いくつかの代表的なパターンから、段階を踏んで学習できるよう編集されています。
47．座標の移動	「マス目の指示通りに移動する問題」と「指示された数だけ移動する問題」を収録。
48．鏡図形	鏡で左右反転させた時の見え方を考えます。平面図形から立体図形、文字、絵まで。
49．しりとり	すべての学習の基礎となる「言葉」を学ぶこと、特に「語彙」を増やすことに重点をおき、さまざまなタイプの「しりとり」問題を集めました。
50．観覧車	観覧車やメリーゴーラウンドなどを舞台にした「回転系列」の問題集。「推理思考」分野の問題ですが、要素として「図形」や「数量」も含みます。
51．運筆①	鉛筆の持ち方を学び、点線なぞり、お手本を見ながらの模写で、線を引く練習をします。
52．運筆②	運筆①からさらに発展し、「欠所補完」や「迷路」などを楽しみながら、より複雑な鉛筆運びを習得することを目指します。
53．四方からの観察 積み木編	積み木を使用した「四方からの観察」に関する問題を練習できるように構成。
54．図形の構成	見本の図形がどのような部分によって形づくられているかを考えます。
55．理科②	理科的知識に関する問題を集中して練習する「常識」分野の問題集。
56．マナーとルール	道路や駅、公共の場でのマナー、安全や衛生に関する常識を学べるように構成。
57．置き換え	さまざまな具体的・抽象的事象を記号で表す「置き換え」の問題を扱います。
58．比較②	長さ・高さ・体積・数などを数学的な知識を使わず、論理的に推測する「比較」の問題を練習できるように構成。
59．欠所補完	線と線のつながり、欠けた絵に当てはまるものなどを求める「欠所補完」に取り組める問題集です。
60．言葉の音（おん）	しりとり、決まった順番の音をつなげるなど、「言葉の音」に関する問題に取り組める練習問題集です。

『読み聞かせ』×『質問』＝『聞く力』

お話の記憶の練習に最適

1話5分の
読み聞かせお話集①②

「アラビアン・ナイト」「アンデルセン童話」「イソップ寓話」「グリム童話」、日本や各国の民話、昔話、偉人伝の中から、教育的な物語や、過去に小学校入試でも出題された有名なお話を中心に掲載。お話ごとに、内容に関連したお子さまへの質問も掲載しています。「読み聞かせ」を通して、お子さまの『聞く力』を伸ばすことを目指します。

①巻・②巻　各48話

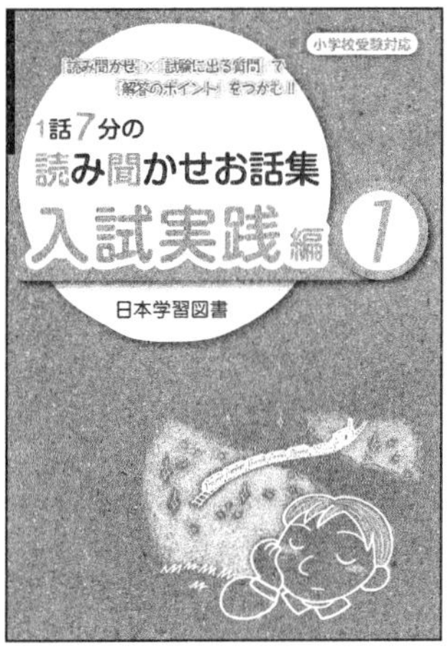

1話7分の読み聞かせお話集
入試実践編①

国立・私立小学校受験対応

最長1,700文字の長文のお話を掲載。有名でない＝「聞いたことのない」お話を聞くことで、『集中力』のアップを目指します。設問も、実際の試験を意識した設問としています。ペーパーテスト実施校の多くが「お話の記憶」の問題を出題します。毎日の「読み聞かせ」と「試験に出る質問」で、「解答のポイント」をつかんで臨みましょう！

50話収録

ニチガクの この5冊で受験準備も万全！

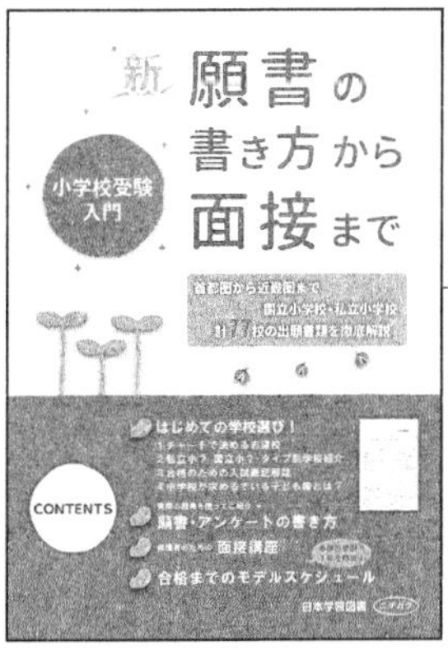

小学校受験入門
願書の書き方から面接まで　リニューアル版

主要私立・国立小学校の願書・面接内容を中心に、学校選びや入試の分野傾向、服装コーディネート、持ち物リストなども網羅し、受験準備全体をサポートします。

小学校受験で
知っておくべき125のこと

小学校受験の基本から怪しい「ウワサ」まで、保護者の方々からの125の質問にていねいに解答。目からウロコのお受験本。

新　小学校受験の
入試面接Q＆A　リニューアル版

過去十数年に遡り、面接での質問内容を網羅。小学校別、父親・母親・志願者別、さらに学校のこと・志望動機・お子さまについてなど分野ごとに模範解答例やアドバイスを掲載。

新　願書・アンケート
文例集500　リニューアル版

有名私立小、難関国立小の願書やアンケートに記入するための適切な文例を、質問の項目別に収録。合格を掴むためのヒントが満載！願書を書く前に、ぜひ一度お読みください。

小学校受験に関する
保護者の悩みQ＆A

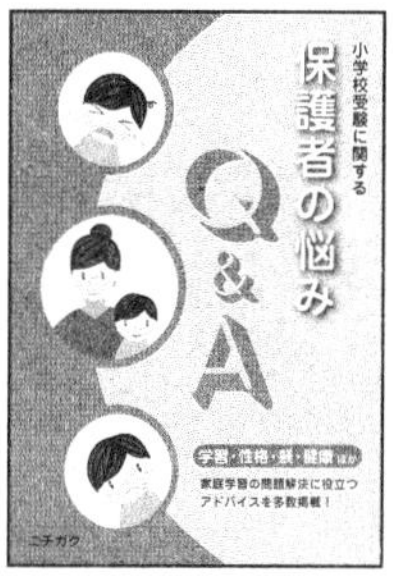

保護者の方約1,000人に、学習・生活・躾に関する悩みや問題を取材。その中から厳選した200例以上の悩みに、「ふだんの生活」と「入試直前」のアドバイス2本立てで悩みを解決。

日本学習図書株式会社

西武学園文理小学校　専用注文書

年　　月　　日

合格のための問題集ベスト・セレクション

＊入試頻出分野ベスト３

1st 言語	2nd 推理	3rd 記憶
語彙　知識	思考力　観察力	聞く力　集中力

例年、当校独特の難問が数問出題されるので、しっかりと対策をしておいてください。ただし、基礎的な学習をした上での対策でなければ意味がないので、まずは基礎を固めるところから始めましょう。

分野	書名	価格(税込)	注文	分野	書名	価格(税込)	注文
図形	Ｊｒ・ウォッチャー２「座標」	1,650円	冊	数量	Ｊｒ・ウォッチャー38「たし算・ひき算１」	1,650円	冊
推理	Ｊｒ・ウォッチャー７「迷路」	1,650円	冊	数量	Ｊｒ・ウォッチャー39「たし算・ひき算２」	1,650円	冊
図形	Ｊｒ・ウォッチャー８「対称」	1,650円	冊	数量	Ｊｒ・ウォッチャー41「数の構成」	1,650円	冊
図形	Ｊｒ・ウォッチャー９「合成」	1,650円	冊	数量	Ｊｒ・ウォッチャー42「一対多の対応」	1,650円	冊
常識	Ｊｒ・ウォッチャー11「いろいろな仲間」	1,650円	冊	図形	Ｊｒ・ウォッチャー46「回転図形」	1,650円	冊
推理	Ｊｒ・ウォッチャー15「比較」	1,650円	冊	図形	Ｊｒ・ウォッチャー47「座標の移動」	1,650円	冊
言語	Ｊｒ・ウォッチャー17「言葉の音遊び」	1,650円	冊	言語	Ｊｒ・ウォッチャー49「しりとり」	1,650円	冊
言語	Ｊｒ・ウォッチャー18「いろいろな言葉」	1,650円	冊	推理	Ｊｒ・ウォッチャー57「置き換え」	1,650円	冊
巧緻性	Ｊｒ・ウォッチャー24「絵画」	1,650円	冊	推理	Ｊｒ・ウォッチャー58「比較②」	1,650円	冊
観察	Ｊｒ・ウォッチャー29「行動観察」	1,650円	冊	言語	Ｊｒ・ウォッチャー60「言葉の音（おん）」	1,650円	冊
推理	Ｊｒ・ウォッチャー31「推理思考」	1,650円	冊		お話の記憶問題集 中級編・上級編	2,200円	各　冊
推理	Ｊｒ・ウォッチャー32「ブラックボックス」	1,650円	冊		口頭試問最強マニュアル 生活体験編	2,200円	冊
推理	Ｊｒ・ウォッチャー33「シーソー」	1,650円	冊		新 運動テスト問題集	2,420円	冊
図形	Ｊｒ・ウォッチャー35「重ね図形」	1,650円	冊		新 小学校受験の入試面接Ｑ＆Ａ	2,860円	冊

合計	冊	円

（フリガナ） 氏　名	電　話 ＦＡＸ E-mail
住 所 〒　　　－	以前にご注文されたことはございますか。 有　・　無

★お近くの書店、または記載の電話・FAX・ホームページにてご注文をお受けしております。
電話：03-5261-8951　FAX：03-5261-8953　代金は書籍合計金額＋送料がかかります。
※なお、落丁・乱丁以外の理由による商品の返品・交換には応じかねます。

★ご記入頂いた個人に関する情報は、当社にて厳重に管理致します。なお、ご購入の商品発送の他に、当社発行の書籍案内、書籍に関する調査に使用させて頂く場合がございますので、予めご了承ください。

日本学習図書株式会社
http://www.nichigaku.jp